La généalogie sur Internet Geneanet.org

Des milliards d'ancêtres à portée de clavier

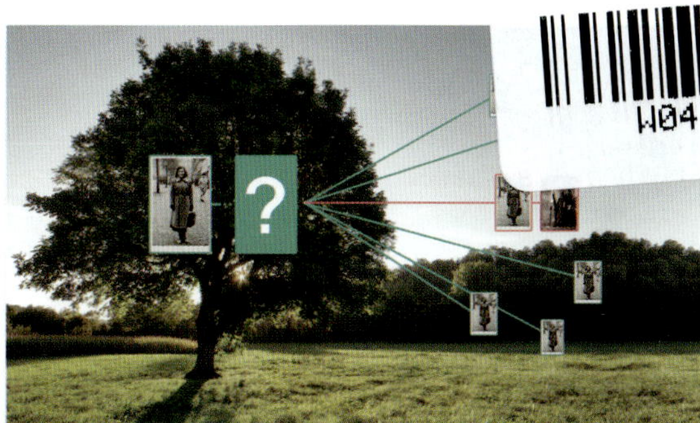

Gwen Guidou

Archives & Culture

guides de généalogie

SOMMAIRE

Introduction 3

Entrer dans l'univers Geneanet
La galaxie Geneanet 4
S'inscrire sur Geneanet 6
Contrôler ses données personnelles 8
Se former et s'informer 10
L'aide Geneanet 12

Créer et mettre à jour son arbre en ligne
Commencer son arbre 14
Naviguer dans votre arbre généalogique 16
Remplir les fiches individuelles de l'arbre 18
Les astuces pour faciliter vos saisies 20
Recenser tous les liens entre individus 22
Gérer les accès à son arbre 24
Associer des documents à son arbre 26
Contribuer en partageant ses actes 28
Relier des documents déjà partagés 30
Les dictionnaires associés à l'arbre 32
Exploiter toutes les fonctions de l'arbre 34
Éditer des listes ou imprimer son arbre 36
Utiliser l'appli Geneanet sur smartphone 38

Optimiser ses recherches généalogiques
Les ressources disponibles sur Geneanet 40
Utiliser le moteur de recherche 42
Les astuces pour aiguiser vos recherches 44
Programmer et gérer ses alertes 46
Comparer son arbre 48
Consulter la bibliothèque généalogique 50
Relevés partenaires et fonds documentaires 52
Rechercher dans les bases contributives 54

Faire avancer la généalogie avec Geneanet
L'entraide 56
Participer à l'indexation collaborative 58
Relevés collaboratifs 60
Vos ancêtres dans la Grande Guerre 62
Sauvons nos tombes 64
Les cartes postales, Hier et Aujourd'hui 66
Geneawiki 68
Geneastar 70

Fiches pratiques : les essentiels 73
FICHE 1 : Saisie des dates 74
FICHE 2 : Saisie des lieux : communes et subdivisions 75
FICHE 3 : Corriger les erreurs dans son arbre 76
FICHE 4 : Fusionner deux individus 77
FICHE 5 : Ajouter des images sur Geneanet 78
FICHE 6 : Astuces cachées des images 79
Crédits photographiques 80

L'auteur

Créatrice de Brins d'Histoires, une maison d'édition spécialisée dans les livres de famille **Gwen Guidou** met son expérience de généalogiste amateur, son sens de l'écoute et sa passion des arts graphiques au service des familles pour la réalisation de livres en tirages privés, qu'il s'agisse d'une histoire familiale, d'un récit de vie, de manuscrits de famille ou de carnets de voyage. Retrouvez ses réalisations sur le site : *www.brinsdhistoires.com*. Chez le même éditeur, elle a aussi publié le guide *Raconter son histoire familiale.*

ISBN : 978-2-35077-340-7
ISSN : 2116-2050

Tél : 01 48 28 59 29 - www.archivesetculture.org

Depuis plus de vingt ans, Geneanet est incontournable pour la généalogie sur Internet.

Ce site, en perpétuelle évolution, a toujours mis au premier plan des valeurs de partage et se renouvelle en profitant des progrès technologiques autant que de l'implication de la communauté de ses utilisateurs.

Au fil des ans, le portail principal hébergeant les arbres généalogiques des membres et proposant d'innombrables possibilités de recherches et de consultations documentaires s'est vu complété de sites connexes. Geneweb, Geneawiki ou Geneastar font partie de ce que l'on appelle la galaxie Geneanet.

Son modèle économique particulier est basé sur une offre Premium très complète et une formule d'abonnement comparée à du *crowdfunding* (financement participatif) en écho à l'état d'esprit collaboratif qui se retrouve à tous les niveaux : des arbres aux documents, en passant par les projets collaboratifs et l'entraide, les hommes et les femmes qui, derrière leur écran utilisent les services offerts par le site sont au cœur du dispositif. Les utilisateurs, qu'ils paient ou non un abonnement, sont sollicités tantôt pour tester et donner leur avis sur de nouvelles fonctionnalités, tantôt pour alimenter les bases partagées, tantôt pour s'entraider entre passionnés.

Ces dernières années ont vu Geneanet s'étendre à l'international et surtout se métamorphoser (notamment avec une grande refonte du site en 2015). Le site bat des records en nombre d'utilisateurs ou en nombre d'ancêtres recensés dans les arbres, qui se comptent désormais en milliards d'individus.

Pour les chercheurs d'ancêtres, comme pour les associations, Geneanet est un outil de travail autant qu'un média de diffusion, puisque le modèle de partage des arbres rend l'essentiel de son contenu partageable avec le reste du monde.

Ce guide proposé par Archives & Culture et écrit par Gwen Guidou, éditrice de livres de famille et amateur de généalogie, est totalement indépendant. Il s'adresse aussi bien à ceux qui débutent qu'aux chercheurs expérimentés qui veulent s'informer sur l'utilisation de ce site entièrement consacré à la généalogie. Il se veut aussi didactique que possible, construit sur l'expérience d'une utilisatrice de longue date qui côtoie au quotidien de nombreux utilisateurs cherchant à mettre en forme leurs recherches.

LA GALAXIE GENEANET

Geneanet est aujourd'hui une énorme machine autour de laquelle gravitent de nombreux autres sites gérés ou soutenus par le pionnier français de la généalogie sur Internet. Leur engagement : ne faire aucun usage commercial des données librement partagées par ses membres.

Geneanet, le cœur du réacteur

Comme vous allez le découvrir tout au long de ces pages, le site Geneanet est un immense espace de partage où les arbres généalogiques des utilisateurs, les fonds documentaires contributifs ou mis à disposition des partenaires et les indexations des sources externes forment un outil très complet pour faire avancer ses recherches généalogiques.

Geneanet englobe lui-même une myriade de mini-sites où les menus à disposition évoluent selon les besoins :

> **!** De nombreux sites de la galaxie Geneanet reprennent tous le même préfixe. N'allez pas croire pour autant que tous les *Genea... quelque chose* sur le web y sont liés. Nombre d'entre eux sont indépendants et partagent simplement la même passion pour la généalogie.

– Les **arbres généalogiques** et **fiches individuelles** des utilisateurs de Geneanet (voir page 14 à 39) ;

– **Rechercher mes ancêtres** : porte d'entrée pour la recherche dans les ressources hebergées ou indexées par Geneanet (voir page 40 à 55) ;

– **Retrouver ses ancêtres** : un accès simplifié pour découvrir en quelques clics les possibilités de découvertes sur votre ascendance (voir page 42) ;

– **Nos ancêtres dans la Grande Guerre** : un mini-site consacré aux soldats de la Première Guerre mondiale proposé par Geneanet dans le cadre du centenaire 1914-1918 (voir page 62).

– **Sauvons nos tombes** : une inititiative destinée à indexer le patrimoine éphémère des tombes dans les cimetières (voir page 64) ;

– **Hier et aujourd'hui** : projet collaboratif autour des cartes postales anciennes et des photos d'aujourd'hui prises sous le même angle (voir page 66).

Geneastar

Petit frère du site principal, Geneastar est un site indépendant consacré aux généalogies de personnages illustres (voir page 70).

Geneawiki

Encyclopédie francophone de la généalogie, gratuite, écrite en coopération par des milliers de visiteurs, et mise en place à l'initiative de Geneanet (voir page 68).

Geneweb

Logiciel libre de généalogie, écrit par Daniel de Rauglaudre, également auteur de la base généalogique Roglo qui rassemble plus de six millions d'individus.

La boutique

Une boutique en ligne rassemble tous les ouvrages et produits utiles aux généalogistes amateurs ou expérimentés.

Les produits dérivés

Une autre boutique plus anecdotique propose des objets arborant les couleurs Geneanet.

Voici quelques paragraphes extraits de *Geneanet, c'est quoi ?*, article de l'aide en ligne.

Qui sommes-nous ?

Geneanet a été fondé par des passionnés de généalogie en 1996 sur une idée simple : proposer un site sur lequel les généalogistes iraient partager le fruit de leurs recherches. Le succès de cette idée s'est fait ressentir immédiatement et, peu à peu, le site s'est structuré. Vingt ans après sa création, Geneanet est le premier site de généalogie en Europe, et il emploie une vingtaine de personnes. Geneanet reste à ce jour une équipe de passionnés de généalogie... quoi de mieux pour comprendre l'attente de ses membres ?

Geneanet : site gratuit ou site payant ?

Geneanet part du principe d'une généalogie libre, avec le plus grand nombre possible d'accès gratuits aux données. Pour autant, construire, maintenir et développer les services proposés a un coût. Geneanet a donc créé en 2001 le Club Privilège (désormais Geneanet Premium) pour offrir des fonctions avancées et financer son développement. Le site n'est payant que pour ceux qui le décident. S'y abonner vous dispense de voir de la publicité, vous donne des accès plus rapides à l'information et des accès gratuits à diverses bases de données (en revanche, toutes les données envoyées par les internautes, quelles qu'elles soient, restent gratuites).

« Très vite, nous nous sommes dit que Geneanet pourrait centraliser tout ce qui existe en matière de généalogie : données de particuliers, d'associations, de sociétés commerciales, d'institutions. Des données gratuites donc, mais aussi accessibles sous condition ou payantes. Nous ne faisons pas de tri : ceux qui nous confient leurs données décident de la façon dont elles seront accessibles, voilà pourquoi vous pourrez trouver un peu de tout (avec une majorité de données gratuites cependant... nous y veillons !). Quoi qu'il en soit, vous êtes toujours prévenus à l'avance du caractère payant ou gratuit de la donnée ».

Qu'allez-vous trouver sur le site ?

Des centaines de milliers d'arbres généalogiques déposés par vous tous sont accessibles de façon totalement gratuite. Avec cette simple rubrique, Geneanet est déjà à même de combler l'essentiel des attentes. Un fonds iconographique important est composé de cartes postales anciennes, de photos de famille, de photos de tombes, de monuments commémoratifs ou encore de blasons. Il est important de retenir que chaque donnée publiée a été fournie par une personne en chair et en os : c'est pourquoi Geneanet encourage le contact entre membres.

Vous trouverez aussi des centaines de registres numérisés, plusieurs centaines de milliers d'actes isolés (gratuits) et une base de relevés d'état civil (une partie gratuite déposée par les membres sur le même principe que les arbres, une autre fournie par diverses associations, payante). Sans oublier des centaines de milliers d'ouvrages numérisés (sous condition), une encyclopédie libre de la généalogie, un blog, une communauté virtuelle de généalogistes, des forums de discussion, et bien d'autres choses.

S'INSCRIRE SUR GENEANET

L'inscription sur Geneanet reste facultative, mais la création d'un compte est indispensable si l'on veut profiter des services offerts par cette vaste communauté généalogique francophone sur Internet. Gratuite et sans limite dans le temps, cette inscription s'effectue en quelques clics.

La recherche simple accessible à tous

Une des grandes forces de Geneanet est de permettre à tous d'effectuer une recherche simple par nom et prénom dans l'immense base des données disponibles et cela même sans être inscrit ou connecté. Toutefois au bout de quelques pages consultées, vous êtes invité à créer un compte.

Rentreriez-vous dans une maison qui n'est pas la vôtre sans dire bonjour et vous présenter à vos hôtes ? Pour Geneanet, il ne s'agit pas de vous pister, mais simplement de vous permettre d'être identifiable, notamment vis-à-vis des autres utilisateurs dont vous pouvez consulter l'arbre. D'autant qu'après l'inscription, le site se montre particulièrement généreux sur les ressources gratuites à disposition.

> **!** Choisissez un nom d'utilisateur facile à retenir car il sera utilisé dans l'adresse web de votre arbre : https://gw.geneanet.org/*identifiant*.
> Une fois créé, l'identifiant n'est plus modifiable.

Créer son arbre généalogique gratuitement

L'un des intérêts majeurs de l'inscription est de vous permettre de créer votre arbre en ligne. Aussitôt votre mot de passe choisi et votre compte créé, vous pouvez saisir les premières données de votre arbre et gérer les fiches individuelles en y indiquant toutes les informations dont vous disposez. Vous pouvez continuer sans crainte et ajouter autant d'ancêtres et d'informations que vous le souhaitez, l'arbre est illimité en taille et hébergé par Geneanet sans limite dans le temps. Notez en revanche qu'un compte utilisateur ne peut être associé qu'à un seul arbre généalogique. Si vous souhaitez en créer plusieurs, il vous faudra créer autant de comptes utilisateurs différents que nécessaire.

Une communauté très active

En tant qu'utilisateur de Geneanet, vous pourrez vous créer vos alertes, vous inscrire à la newsletter mais également consulter les forums utilisateurs, consulter les fonds documentaires à disposition ou contribuer aux projets collaboratifs proposés à la communauté.

Chaque jour, des données apparaissent sur le site et créent de nouvelles pistes pour faire avancer votre arbre. Le système d'alerte est un moyen efficace d'être informé par email à chaque fois qu'une nouvelle information ajoutée par quelqu'un est susceptible de vous intéresser. Attendez-vous également à recevoir des messages d'autres utilisateurs qui auront consulté votre arbre pour vous poser des questions ou vous proposer d'échanger sur vos ancêtres communs.

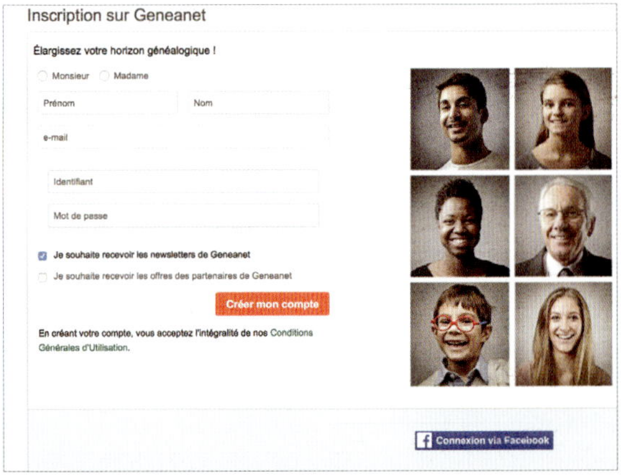

Formulaire d'inscription avec choix d'un nom d'utilisateur et d'un mot de passe : ce dernier doit respecter les règles suivantes : être différent de votre identifiant, comporter au moins cinq caractères, être une combinaison de chiffres et de lettres sans accent, les caractères spéciaux suivants étant autorisés : _ ~ ! # ( ) , -

Les offres selon l'inscription

	Inscription gratuite	Abonnement Premium
Critères et options de recherche		
Nom, prénom et lieu	✓	✓
Noms du conjoint et des parents		✓
Variantes orthographiques des noms et prénoms et caractères jokers (* et ?)		✓
Lieux voisins (recherche élargie jusqu'à 200 km autour d'une commune)		✓
Dates, filtres avancés, affichage et tris, tableau de résultats enrichi, etc.		✓
Aides à la recherche		
Alertes par noms et par lieux	✓	✓
Alertes avec critères avancés		✓
Correspondances		✓
Comparaison avec les autres données de Geneanet		✓
Arbre généalogique		
Hébergement de votre arbre	✓	✓
Sauvegarde de votre arbre	✓	✓
Restauration de versions antérieures		✓
Détection d'anomalies généalogiques		✓
Statistiques, cartographie, historique, affichages supplémentaires, etc.		✓
Enrichissement de l'arbre par des documents		
Partage de photos et documents publics	✓	✓
Espace pour stocker vos médias privés	250 Mo	2 Go
Accès aux fonds Geneanet		
Accès aux arbres des autres membres	✓	✓
Fonds collaboratifs : tombes, relevés, registres, blasons, cartes postales, etc.	✓	✓
Bibliothèque généalogique : journaux, revues historiques, ouvrages anciens		✓
Relevés partenaires : naissances, mariages, décès, recensements, etc.		✓
Lien direct vers le bon dépôt d'archives		✓
Aide et assistance		
Forums d'entraide : une communauté passionnée et réactive	✓	✓
Tickets-contact : une assistance personnalisée et individuelle		✓
Système de parrainage		✓

Si vous débutez vos recherches ou souhaitez simplement saisir votre arbre généalogique en ligne, l'abonnement Premium à 50 € par an est superflu. Mais, si vous souhaitez continuer vos recherches et profiter de tous les services proposés par Geneanet, certaines fonctionnalités seront appréciables et pourront grandement vous aider.

CONTRÔLER VOS DONNÉES PERSONNELLES

Lorsque vous créez votre compte, puis votre arbre généalogique, vous confiez à Geneanet des données personnelles. Sachez qu'à tout moment vous pouvez choisir de rendre publiques ou de masquer tout ou partie des informations, c'est ce qu'on appelle choisir son niveau de confidentialité.

Données électroniques, « cookies »

Le nouveau *Règlement général sur la protection des données* (RGPD) est entré en vigueur en Europe en 2018 et a permis de sensibiliser le grand public aux enjeux de la diffusion des données personnelles sur Internet. Geneanet s'est bien sûr mis au diapason de ce nouveau règlement qui renforce et complète la loi française « Informatique et liberté » de 1978.

Geneanet diffuse donc un bandeau informatif en bas de page à propos des cookies, ces fameux fichiers déposés par les sites Internet sur votre ordinateur afin de faciliter votre navigation sur le site : par exemple en retenant d'une connexion sur l'autre le dernier individu consulté dans l'arbre, afin de faciliter la reprise de vos saisies de données. En cas de doute, consultez les *Conditions générales d'utilisation* qui contiennent le détail du traitement, de la conservation et du droit d'accès de toutes les données collectées sur le site, elles sont d'une rare clarté.

! **Geneanet étant avant tout un site collaboratif, votre arbre et toutes les informations qu'il contient ont vocation à être diffusés publiquement. Rassurez-vous, de nombreuses options vous permettent de choisir ce qui sera visible par tous ou réservé à vos contacts.**

Responsabilité du contenu de l'arbre

Un second bandeau informatif, cette fois en haut de l'écran, est apparu au printemps rappelant que, concernant le RGPD, les utilisateurs ont aussi une responsabilité : celle du contenu qu'ils diffusent sur leur arbre. Vous êtes donc, en tant que particulier, aussi concerné par le respect des règles sur les données personnelles, notamment des personnes vivantes mentionnées dans votre arbre.

Par défaut, les individus de l'arbre nés il y a moins de 100 ans sont masqués (arbre privé). S'agissant d'un paramètre de l'arbre (voir page 18), vous pouvez néanmoins choisir de les rendre publics en affichant seulement leur identité et filiation (arbre semi-masqué) ou leur fiche complète avec photos et documents (arbre public).

Il faut être vigilant dès la création de votre arbre sur Geneanet en ce qui concerne l'ajout d'informations sur des personnes vivantes : il est de votre responsabilité d'avoir préalablement recueilli le consentement des personnes concernées avant de diffuser publiquement des informations les concernant.

Testament généalogique

Partant du principe que les informations de votre arbre sont conservées de façon illimitée et que Geneanet ne supprime jamais les comptes, mêmes inactifs depuis longtemps, la question du devenir des arbres généalogiques au-delà de la vie de leurs auteurs s'est rapidement posée.

Ayant été confronté à la demande de certaines familles demandant la suppression d'arbres après le décès d'un proche, Geneanet s'est interrogé sur la volonté de l'auteur. La constitution d'un arbre est bien souvent le fruit de mois ou d'années de travail, c'est un patrimoine personnel important pour bon nombre de gens et ce testament généalogique permet d'exprimer une volonté de sauvegarde.

Il n'est bien sûr pas question d'un acte officiel, remplir son testament généalogique n'a aucune valeur juridique, mais cela a le mérite de vous sensibiliser au sujet et de faire connaître votre volonté à vos proches, s'ils venaient à contacter Geneanet à propos de votre compte membre.

À ne pas confondre : l'accueil public de votre arbre (à droite) et la page contact (à gauche) dont le contenu s'affiche uniquement pour les membres Geneanet connectés au site.

Pour faire simple à propos de votre profil personnel sur Geneanet : il y a ce que vous voyez dans votre espace et ce que les autres voient en consultant votre arbre.

Votre profil, vu par les visiteurs

Rappelons-le, votre arbre est public sur le site Geneanet et indexé par les moteurs de recherche. Une **Page d'accueil** agrémentée des éléments majeurs de votre généalogie vous présente donc en tant qu'auteur : vous pouvez en modifier l'aspect grâce au menu **Profil généalogique**, mais également via les **Paramètres de l'arbre** pour notamment changer la couleur, les images, etc.

La **Page Contact** accessible en cliquant sur votre identifiant est en revanche réservée aux membres connectés et vous pouvez décider d'afficher vos informations à tous les membres ou de la réserver à ceux qui deviendront vos contacts (voir **Gérer les accès** page 24).

Votre profil, vu de votre compte Geneanet

Geneanet vous permet de contrôler ce qui s'affiche au public ou non, mais il faut être attentif et comprendre que chaque paramètre a son impact.

Accessible via **Mon compte** en haut à droite de l'écran, le menu **Profil personnel** permet de paramétrer les informations disponibles sur votre *Page contact.*

Menu accessible à tout moment en cliquant sur votre identifiant en haut à droite de l'écran.

Lors de la création du compte membre, les seules informations requises sont le nom et le prénom de l'utilisateur et l'email de l'utilisateur. Celui-ci n'aparaît jamais mais vous pouvez afficher votre identité. Viennent ensuite les langues parlées, toujours publiques, et d'autres informations complémentaires pour lesquelles la diffusion publique est laissée à votre choix : adresse postale, date de naissance, activité professionnelle et coordonnées téléphoniques.

Le second menu de personnalisation, **Profil généalogique,** vous permet d'agrémenter la page d'accueil de votre arbre d'un nuage des noms les plus courants de votre généalogie, d'afficher vos éventuels cousinages avec des personnalités (voir Geneastar page 70) et de remplir votre testament généalogique (cette information restant privée et réservée aux équipes Geneanet).

Le blog Geneanet vous informe des évolutions des fonctionnalités disponibles et de l'actualité généalogique. Selon le calendrier, il se fait également l'écho de dates commémoratives et propose des articles sur des faits historiques.

Les actualités de la généalogie

Disponible dans le menu **Plus** de la barre de navigation principale, la vocation première du **Blog** est d'informer ses lecteurs de l'évolution des services de Geneanet : à chaque fois qu'une nouvelle fonctionnalité est lancée ou que de nouveaux documents sont disponibles, la communauté y est ici avertie. Compte tenu de l'ampleur du site, les nouvelles de ce type sont régulières mais elles sont loin de constituer le seul contenu de ce blog qui publie en moyenne une vingtaine d'articles par semaine.

Dans l'ordre chronologique au centre de l'écran ou dans le menu **Navigation** dans la colonne de droite, on trouve aussi les coups de cœur de l'équipe, des conseils méthodologiques, des articles sur les dates commémoratives ou encore l'actualité des associations de généalogie ou des services publics d'archives nationales et locales...

> **!** Attention : s'il est possible de commenter les articles de blog pour ouvrir le débat ou apporter un complément sur un article, inutile d'y exposer vos difficultés à utiliser le site, vous serez renvoyé vers les forums d'aide, où les modérateurs et autres utilisateurs vous répondront.

Micro-Histoire et 1914-1918

En partenariat avec le magazine-web *Histoire-généalogie* de Thierry Sabot, Geneanet publie des articles hebdomadaires envoyés par des lecteurs : récits de recherches, chroniques historiques ou bien portraits d'ancêtres reconstitués. Par ailleurs, des généalogistes professionnels du Sygene répondent chaque semaine à une question de méthodologie posée par un internaute. Les articles de la catégorie « Micro-Histoire » sont enrichis par ceux de la catégorie « Première Guerre mondiale » à l'occasion du cycle commémoratif du centenaire. Chaque jour, les chroniques quotidiennes d'événements de la Grande Guerre y sont publiées.

Les leçons de généalogie

Concentré de conseils distillés au fil du temps sur le blog d'actualité, le mini-blog **Bien débuter** est accessible dans le menu **Plus** de la barre de navigation. Destinée aux débutants, cette rubrique regroupe des leçons qui récapitulent ce qu'est une recherche généalogique, comment préparer ses recherches, par où commencer, comment éviter les erreurs du débutant ou quelles sont les particularités géographiques en généalogie.

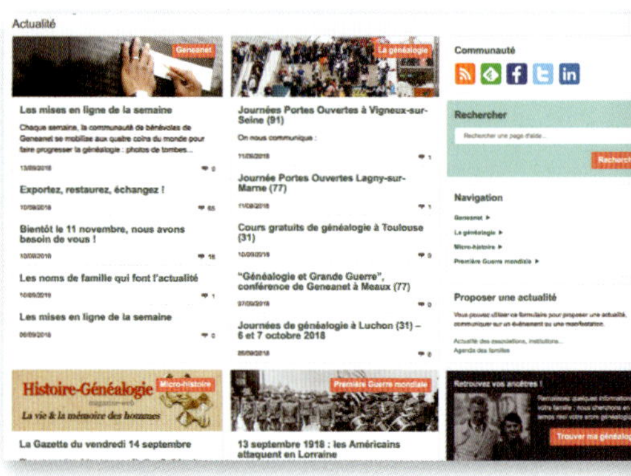

Interagir sur le blog

Le blog de Geneanet se veut ouvert à tous. Ainsi les formulaires **Actualité des associations** et **Agenda des familles** permettent à chacun d'y annoncer sa propre actualité: association qui souhaite signaler un événement ou famille qui prépare une cousinade. Les lecteurs sont également invités à réagir aux articles via les commentaires disponibles en bas de page. Rappelons toutefois que les commentaires doivent être donnés à bon escient : ils ont vocation à compléter le contenu des articles concernés, à ouvrir un débat, mais en aucun cas à solliciter de l'aide et encore moins à entretenir des polémiques hargneuses, donc inutiles.

L'aspect communautaire se retrouve aussi dans la boutique : les commentaires et les retours d'expérience complètent la description des ouvrages et produits.

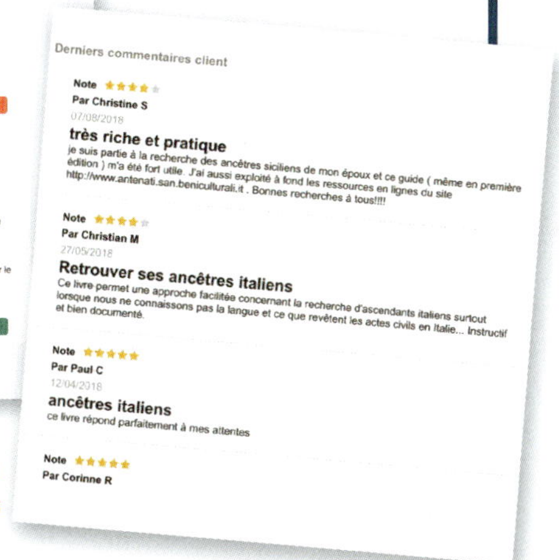

La boutique en ligne de Geneanet est une référence en matière de produits généalogiques : sa librairie rassemble les ouvrages et revues des éditeurs régionaux et de presse spécialisée, complétés par une offre très variée destinée aux chercheurs d'ancêtres.

La librairie et la presse

La librairie en ligne propose des livres qui intéresseront les généalogistes autant que les férus d'histoire : des ouvrages méthodologiques aux titres régionalistes en passant par les thématiques des traditions, de l'histoire ou de l'évolution de la société, le spectre est très large.

Geneanet diffuse l'offre de ses partenaires : les maisons d'édition spécialisées sur l'histoire et la généalogie y cohabitent avec des éditeurs régionaux dont la diffusion était auparavant restreinte à l'échelle locale.

C'est la diversité et l'importance du catalogue qui donne aujourd'hui son caractère incontournable à cette librairie dans le monde de la généalogie. D'autant que les « rayons » de livres sont complétés par ceux des titres de presse proposés en abonnement, en pack ou à l'unité parmi les anciens numéros dont les sommaires sont détaillés dans des descriptifs complets.

Les outils du généalogiste

La boutique en ligne propose aussi toute une palette d'outils dédiés aux généalogistes, allant des traditionnels arbres et coffrets à remplir aux CD-Rom et DVD thématiques, sans oublier, bien entendu, les logiciels spécialisés de référence.

Un moteur de recherche dédié

Comme il existe plus de 10 000 références disponibles dans la boutique, le moteur de recherche est une aide précieuse pour trouver, autour d'un thème, d'un auteur, d'une région ou d'un nom de famille, tous les ouvrages susceptibles de vous intéresser. Vous disposez également de filtres de recherche à gauche de l'écran pour naviguer selon le classement par catégorie (région ou éditeur notamment). Vous pouvez aussi vous y promener et fureter dans les rayons, comme vous le feriez dans une boutique du coin de la rue : vous pourrez tomber sur des pépites dont vous ne soupçonniez même pas l'existence.

En cliquant sur les références qui vous intéressent, vous accéderez à leur fiche détaillée, bien souvent à des extraits ou des zooms sur le contenu proposé, ainsi qu'aux commentaires des membres les ayant déjà lus ou utilisés.

L'AIDE GENEANET

Le site Geneanet étant aussi riche en informations que dense en fonctionnalités, il peut arriver qu'on s'y perde ou qu'on rencontre ponctuellement une difficulté. L'aide en ligne s'est encore enrichie pour faciliter l'utilisation du site.

L'aide Geneanet

Le premier niveau d'aide se situe en permanence en haut de l'écran : l'icône point d'interrogation s'accompagne d'un moteur de recherche qui parcourt les articles de l'aide disponibles en totalité par le lien **Voir tous les articles de l'aide**.

Ces articles sont classés en grandes catégories et couvrent la plupart des sujets concernant la découverte du site et de ses services :

– Mon compte Geneanet et mes achats ;
– Les recherches et les alertes ;
– L'arbre généalogique et la communauté ;
– Documents personnels et documents contributifs ;
– Les Rencontres Geneanet.

Les changements annoncés sur le blog

Rappelons-le, Geneanet est un site en perpétuelle mutation : des nouveautés sortent constamment pour enrichir les fonctionnalités proposées.

C'est pourquoi, pour être au courant des évolutions, il est très conseillé de suivre l'actualité du **Blog (menu Plus)** : le blog est la voix de Geneanet auprès de ses utilisateurs, il se fait l'écho des nouveautés et explique les changements de modes opératoires si besoin.

> **!** Certains écrans disposent d'une visite guidée : votre écran s'anime pour mettre en surbrillance les grandes fonctions disponibles. Prenez le temps d'en lire le contenu lors de votre première visite.

Les forums

Geneanet est avant tout un site communautaire : les membres partagent, échangent et s'informent autour de leur généalogie. Ouverts à tous, les forums thématiques permettent de demander de l'aide ou de participer à des fils de discussion particulièrement variés. Alors si, malgré l'aide en ligne et le blog, vous restez démuni face à votre écran et seuls avec vos questions, c'est probablement qu'elles sont techniques et qu'il ne s'agit plus de sujets basiques liés à l'utilisation de tel ou tel écran. Rendez-vous alors sur les forums (voir page de droite).

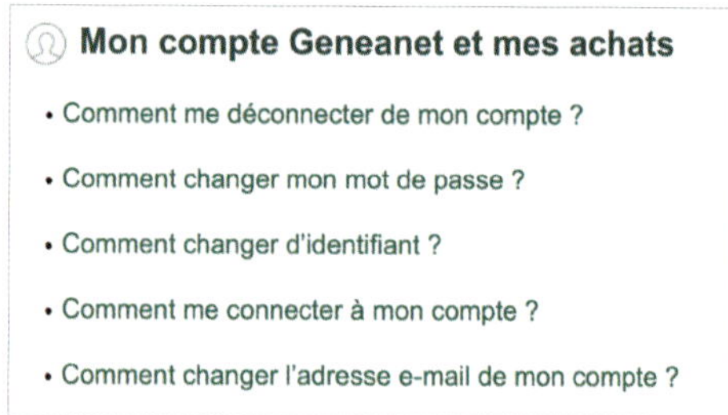

Ultime recours : les Tickets-contacts

Si aucune réponse n'est trouvée sur les forums, les abonnés Premium peuvent en ultime recours adresser un message à l'assistance Geneanet en utilisant le menu **Tickets-contacts** ; il est accessible en cliquant sur l'icône enveloppe en haut du site.

Afin de faciliter le traitement de votre demande, Geneanet demande de fournir un maximum de précisions :

– l'adresse (commençant par «https://») de la (ou des) page(s) où vous constatez le problème ;
– le nom des personnes concernées (exemple : Joseph Martin né en 1789 et son épouse Madeleine Durand née en 1793) ;
– la manière dont vous mettez à jour votre arbre : par envoi de Gedcom, par saisie en mode « éditeur » sur la fiche de chaque personne, par saisie dans le module d'arbre graphique ;
– le cas échéant, le logiciel de généalogie utilisé et sa version.

L'assistance répond du lundi au vendredi (le forum est ouvert 24h/24 et 7j/7), hors jours fériés, mais ne fait pas de recherches généalogiques.

Arbre en ligne
Pour poser toutes les questions sur l'utilisation du module Arbre en ligne (envoi de gedcom ou saisie en ligne).
Sujets : **6992**

Les bonnes âmes se trouvent sur les forums

Vous trouverez sur les forums la vaste communauté des utilisateurs qui vous aideront autant sur l'utilisation du site que sur la résolution de vos énigmes généalogiques ou sur la connaissance des différents types d'archives. Les équipes Geneanet y sont elles aussi présentes. Elles répondent à vos questions en plus des autres utilisateurs lorsque c'est nécessaire. Mais elles sont surtout là pour recenser les bugs et les inclure dans leur programme de correctifs. Ainsi une difficulté décrite sur le forum permet à Geneanet d'améliorer le service global.

Que trouve-t-on sur les forums ?

On trouve sur les forums tout ce qui concerne de près ou de loin la généalogie ! Ils sont accessibles via le menu **Communauté**, puis **Forums** et sont organisés en trois catégories : Geneanet (pour ce qui concerne l'utilisation du site) ; Recherches généalogiques (des conversations par région pour une meilleure entraide) ; et Discussions généalogiques, des plus sérieuses (méthodologie, paléographie, etc.), aux plus futiles comme celles du Bistrot.

Tout le monde peut participer : poser une question, donner son avis sur une demande de conseil. Cinq à huit modérateurs suivent d'un œil attentif les forums, répondent quand ils le peuvent, mais veillent aussi au respect de la bonne utilisation. Ils peuvent ainsi censurer, déplacer ou modifier un message si nécessaire. Leurs noms sont listés à l'accueil de chaque thématique. Ils font partie soit de l'équipe Geneanet, soit de la communauté des utilisateurs dont l'expérience et la disponibilité font d'eux des interlocuteurs précieux.

L'union fait la force !

Vu l'ampleur de la communauté, il y a fort à parier que, si vous rencontrez une difficulté, quelqu'un d'autre l'aura connue avant vous ou aura la solution… Avant donc de poser votre question ou de crier au bug, vérifiez toujours si la question n'a pas déjà été posée et résolue en utilisant la fonctionnalité **Recherche**. Si votre difficulté ne concerne pas le site lui-même, mais plutôt vos recherches, consultez plutôt les forums dédiés aux recherches et discussions généalogiques.

Le second réflexe est de bien étudier la liste des forums : en postant votre message au bon endroit, vous maximisez vos chances de trouver une bonne âme capable de vous répondre.

Troisième précaution : formulez votre demande le plus précisément possible. N'hésitez pas à joindre une copie d'écran, un extrait d'acte, une photo ou un lien pour bien vous faire comprendre. Vous gagnerez du temps en évitant des allers-retours avec vos interlocuteurs bienveillants.

Enfin, intervenez vous aussi pour rendre service à votre tour : il y a probablement quelque part quelqu'un qui pose une question dont vous connaissez la réponse !

Suivre les discussions d'un forum

Si le thème d'un forum vous intéresse particulièrement et que vous souhaitez être informé de ce qui s'y passe, vous avez la possibilité de cliquer sur **Suivre ce sujet**. En paramétrant ensuite les options dans **Préférences de forum**, vous pourrez, selon votre souhait, recevoir des notifications à chaque fois qu'un message y est posté ou seulement lorsque quelqu'un répond à l'une de vos questions. C'est aussi dans les **Préférences de forum** que vous pourrez créer une signature qui apparaîtra au pied de chacun de vos messages ou personnaliser l'affichage des messages du forum.

La charte des forums Geneanet

Geneanet a émis une charte des forums, disponible en introduction de chaque thématique. Elle rappelle des règles de bonne conduite pour que les forums restent des lieux conviviaux. Si les modérateurs ont un rôle de censeurs, c'est à chacun d'agir avec bon sens et dans le respect des lois en vigueur. Elle ajoute, pour les plus chevronnés, qu'ils doivent rester modestes en se remémorant leurs débuts de novices !

Compléter votre arbre généalogique sur Geneanet permet de profiter pleinement de toutes les fonctionnalités : la diffusion et le partage de votre généalogie bien sûr, mais également le stockage de vos médias, ou encore la comparaison avec les arbres des autres membres… Voici ce qu'il faut savoir pour démarrer.

Commencer votre arbre généalogique

Dès l'accueil, vous êtes invité à commencer votre arbre en saisissant *a minima* votre nom et celui de vos parents. C'est ce principe qui va guider toutes vos saisies par la suite, car dans votre arbre tous les individus sont reliés entre eux. De proche en proche, vous pourrez faire grandir votre arbre en ajoutant un parent, un conjoint, un enfant, etc., aux personnes déjà référencées.

> **!** Vous êtes désigné comme *de cujus*, à partir duquel démarre la numérotation Sosa, si vous créez votre arbre à partir de vous. Lors d'un envoi de Gedcom, le calcul est automatique. Un autre point de départ est possible.

Si vous possédez un logiciel de généalogie avec lequel vous réalisez votre arbre, et si vous ne souhaitez pas le saisir en ligne mais uniquement le publier sur Geneanet, il est possible d'importer tout simplement le fichier Gedcom issu du logiciel et cela pour tout ou partie de votre arbre sur Geneanet, c'est-à-dire soit pour ajouter seulement une branche, soit pour diffuser votre généalogie entière.

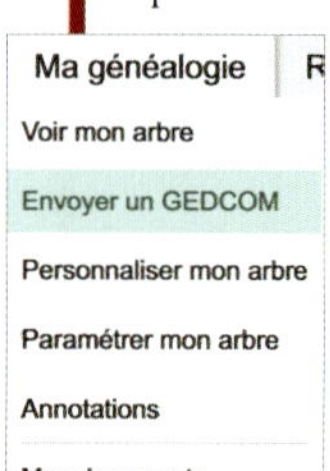

Import Gedcom

Avant de procéder à l'import, il faut l'exporter au format Gedcom depuis votre logiciel de généalogie. Avec Heredis, choisissez **Fichier** > **Exporter** > **Gedcom** ; avec Geneatique, dirigez-vous vers **Fichier** > **Exports** puis Gedcom. Attention : l'import Geneanet ne prend pas en compte les éventuels images et documents existants dans votre logiciel.

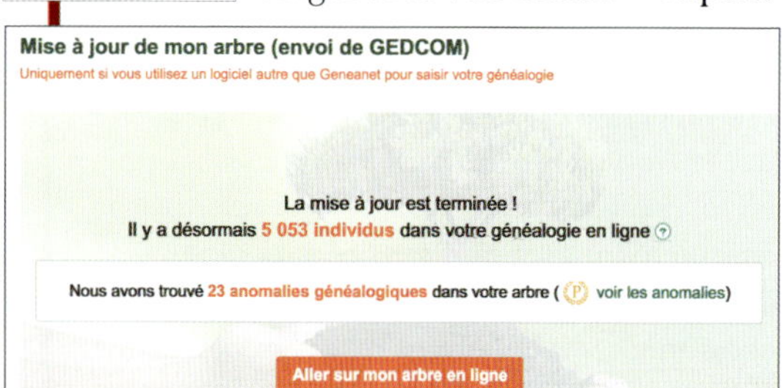

Si vous importez votre généalogie la première fois : rendez-vous dans le menu **Ma généalogie**, puis **Envoyer un Gedcom**. Cliquez ensuite sur **Envoyer** après avoir vérifié les options dont la plupart ont une valeur par défaut (vous pourriez avoir besoin de préciser le format des dates de votre logiciel ou le format d'exportation selon votre système Mac ou PC).

À l'issue du traitement, un écran de confirmation apparaît vous invitant à personnaliser votre arbre ou à le proposer à la consultation. Si vous êtes abonné Premium, vous pourrez consulter les incohérences détectées.

Pour importer en entier un arbre modifié, choisissez **Remplacer l'arbre** ; la mise à jour annulera et remplacera le contenu précédemment importé. Et pour ajouter seulement une branche à votre arbre, la marche à suivre est quasiment identique au cas 1 : cocher **Ajouter une branche** (au lieu de **Remplacer l'arbre**). Les individus ajoutés devront être reliés à votre arbre par la fonctionnalité de **Fusion** (voir fiche page 77).

Apprivoiser les menus

Geneanet est un outil doté de nombreuses fonctionnalités que vous maîtriserez peu à peu. Ne soyez pas effrayé par l'abondance des possibilités et concentrez-vous dans un premier temps sur ce qui est indispensable pour démarrer votre arbre. Au fil de l'avancement de votre généalogie et de vos besoins, vous découvrirez les autres possibilités.

Le menu de votre arbre se compose de trois parties principales : à gauche, les outils de consultation et d'affichage et, à droite, les options de saisie, d'impressions et toutes les fonctionnalités avancées du menu **Plus**.

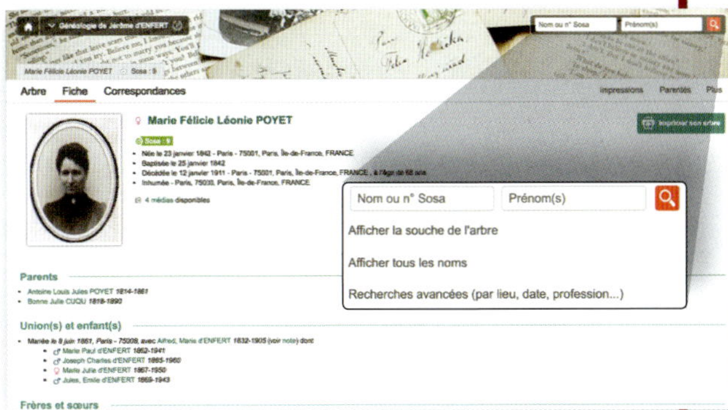

La visibilité de votre arbre

Une fois placé sur le site Geneanet, votre arbre généalogique est indexé par les moteurs de recherche (notamment Google). Il peut donc être trouvé par tous les internautes et *a fortiori* par les autres utilisateurs du site. C'est là tout l'intérêt car les arbres permettent aux membres de s'échanger des informations, de rencontrer des cousins ou encore de s'entraider dans leur avancement.

Néanmoins, dans un souci de respect de la vie privée, Geneanet permet à chacun de choisir d'afficher ou de masquer les personnes de moins de 100 ans figurant dans l'arbre (voir ci-dessous).

Notons par ailleurs que Geneanet s'engage à ne faire aucun usage commercial des données librement partagées par les membres (arbres, photos, actes, relevés...).

Gérer la confidentialité des personnes

Pour définir ce que des tiers verront, il existe un paramètre valable pour l'arbre entier, accessible dans le menu supérieur de l'arbre : **Gestion**, **Paramétrer**, puis **Contemporains**.

- **Semi-masqué** : c'est l'option la plus utilisée. Seuls les prénoms, les noms et les filiations des individus nés il y a moins de 100 ans seront visibles. Les informations confidentielles (dates, photos, lieux et notes) seront masquées. Vous pouvez utiliser l'onglet « Personnes masquées » pour masquer complètement quelqu'un de moins de 100 ans.
- **Privé** : tous les individus contemporains (par défaut : nés il y a moins de 100 ans – un critère modifiable dans les réglages experts) seront complètement masqués. Remarques : pour les personnes sans date, une estimation est effectuée ; les personnes consultant votre arbre ne verront donc pas ces fiches.
- **Public** : toutes les informations des individus nés il y a moins de 100 ans seront visibles : dates, lieux, notes. Assurez-vous dans ce cas que vos proches acceptent d'être cités.

Quel que soit votre choix, il reste possible de gérer des exceptions, et pas seulement pour des contemporains. Pour cela, rendez-vous à **Gestion**, **Paramétrer**, puis selon votre choix **Personnes masquées** ou **Personnes publiques**. Vous pouvez aussi le faire directement depuis le formulaire de saisie détaillée des informations de l'individu de l'arbre (**Confidentialité**). Rappelons que ces paramètres s'appliquent à tous les visiteurs de votre arbre généalogique, à l'exception des contacts autorisés à consulter votre arbre en tant qu'invité ou qu'éditeur (voir page 28), que vous pouvez inviter par le menu **Outils**, puis **Inviter mes proches**.

Documents associés à l'arbre

Les images et documents associés à un individu non masqué sont visibles de tous sur l'arbre ou sur fiche, qu'il s'agisse de documents personnels associés à votre arbre (voir page 34) ou de documents ajoutés à Geneanet via le menu **Contribuer** (voir page 32). Toutefois, il n'existe pour le visiteur aucun équivalent à votre écran **Mes documents**.

Personnalisation de l'affichage

Pour plaire à vos visiteurs ou pour différencier votre arbre de celui des autres membres, vous pouvez personnaliser son affichage. Le menu **Gestion**, **Personnaliser mon arbre** vous permet de choisir un titre, les couleurs utilisées dans l'affichage, et d'ajouter un texte de présentation.

Statistiques de visites et évolution de l'arbre

Sachez que vous pouvez consulter en un seul endroit les statistiques de trafic et l'évolution de votre arbre via le menu **Outils**, puis **Fréquentation et évolution de l'arbre**.

NAVIGUER DANS VOTRE ARBRE GÉNÉALOGIQUE

Geneanet affiche les arbres sous une représentation graphique simplifiée en utilisant des cases ou sous une forme détaillée en fiches individuelles. Dans tous les cas, l'affichage est dynamique : il suffit de cliquer sur les liens pour passer d'un individu à l'autre et pour accéder au mode édition.

Arbre et Fiche : deux modes d'affichage…

Dans le menu de l'arbre, vous pouvez afficher votre arbre sous forme graphique (choix **Arbre**) ou bien sous forme de fiche correspondant à chaque individu (choix **Fiche**). Ces deux modes d'affichage donnent exactement les mêmes possibilités de travail dans l'arbre. Selon vos besoins, passez de l'un à l'autre pour la consultation ou la mise à jour.

> **!** Cet affichage de l'arbre est le même lorsque vous consultez les arbres des autres membres, les fonctionnalités d'édition et de mise à jour des informations en moins.

… mais des formulaires de saisie communs

Quel que soit le mode d'affichage utilisé, la saisie et la modification s'effectuent à partir de formulaires uniques. Il existe un formulaire pour les informations individuelles (état civil, profession, événements, etc.) accessible via les menus **Modifier individu**, **Ajouter frère/sœur** ou **Ajouter enfant** et un autre pour les informations relatives aux couples, accessible via les menus **Ajouter conjoint** ou **Modifier union(s)**. Ces formulaires incluent de nombreuses fonctionnalités d'aide à la saisie ou bien de contrôle de cohérence qui sont détaillées dans le chapitre suivant.

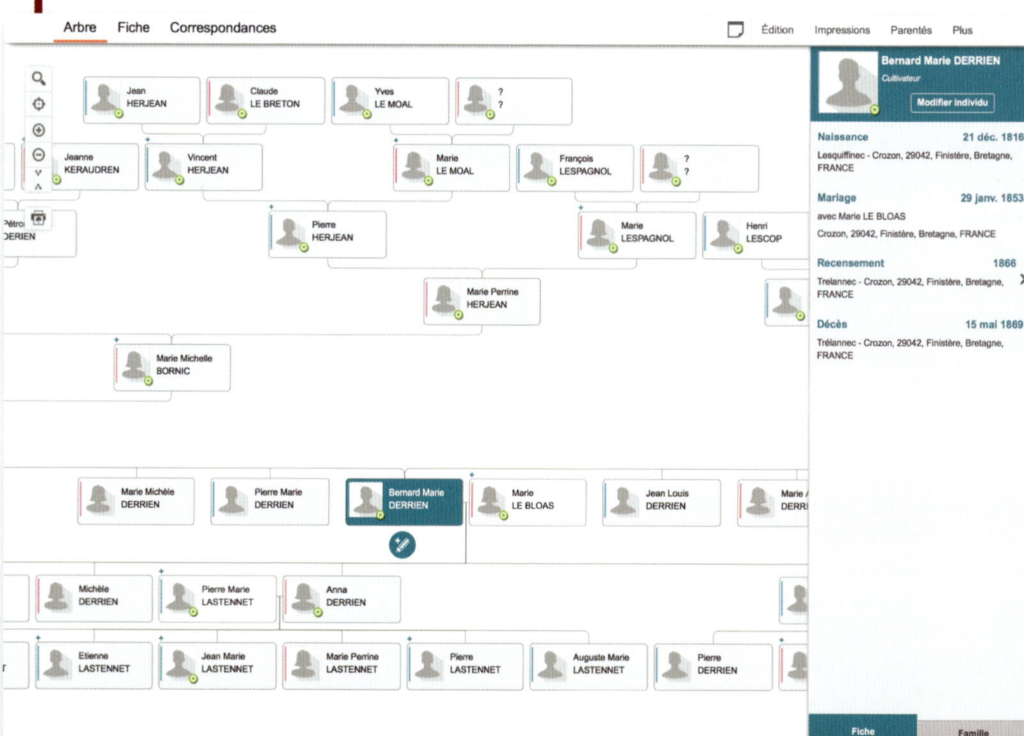

L'arbre version graphique, ici centré sur l'ancêtre Bernard Marie Derrien, présente six générations ascendantes et deux descendantes (fonction réservée aux abonnés Premium). Grâce aux fameux cookies, l'arbre s'est repositionné par défaut sur le dernier ancêtre consulté la veille.

L'affichage de l'arbre est dynamique et évolue en fonction de la personne sélectionnée et dont les informations détaillées figurent dans la mini-fiche à droite de l'écran.
Pour une consultation aisée, mettez la fenêtre de votre navigateur en plein écran et ajustez le zoom en fonction de vos besoins.
L'individu sélectionné apparaît en couleur avec une petite icône crayon permettant d'accéder aux différentes fonctionnalités, également disponibles via le menu **Édition** de l'arbre. Note : leur couleur dépend de vos choix de personnalisation de l'arbre.

Autour de l'individu central, apparaissent ses ascendants et descendants directs selon le nombre de générations choisi dans vos préférences d'affichage. Le détail des cases (nom, prénom, dates) varie quant à lui en fonction du niveau de zoom choisi afin d'assurer constamment une bonne lisibilité.

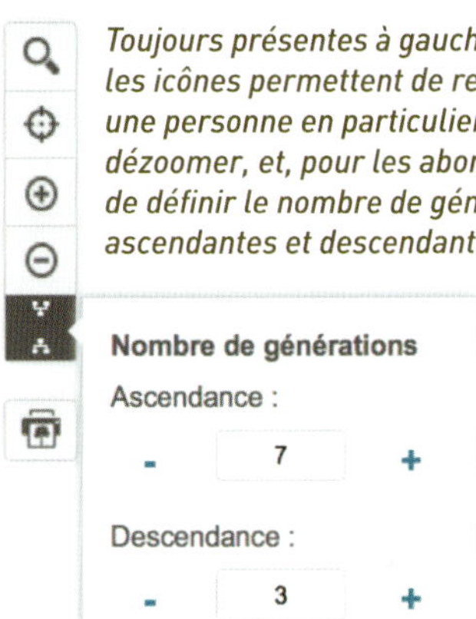

Toujours présentes à gauche de l'écran, les icônes permettent de rechercher une personne en particulier, de zoomer ou dézoomer, et, pour les abonnés Premium, de définir le nombre de générations ascendantes et descendantes à afficher.

La mini-fiche permet d'afficher la synthèse des informations disponibles pour l'individu sélectionné. Par défaut, sur l'onglet Fiche, elle permet aussi un affichage par famille incluant les membres de la famille proche.

Les unions multiples sont quant à elles gérées dans la saisie en fiche, mais elles n'apparaissent dans l'arbre graphique que pour le personnage principal et ses enfants. Ce détail qui pourrait sembler être un défaut est en réalité une facilité, car l'affichage peut rapidement devenir dense quand les fratries sont importantes.
Lorsqu'une case est surplombée d'un signe +, cela signifie que l'individu en question a une ascendance ou une descendance qui s'affichera si vous cliquez dessus. De même lorsque la photo d'un individu est marquée d'un rond vert, cela signifie qu'elle est un ascendant direct (un Sosa dans le jargon généalogique) de la personne à la racine de l'arbre (vous le plus souvent).

Le mode d'affichage par fiche est l'indispensable complément de l'arbre graphique ; il rassemble sur un écran toutes les informations connues pour une personne donnée de l'arbre. Son affichage, plus ou moins complet mais toujours concis, varie selon les informations connues sur l'individu.

Le contenu de la fiche

Contrairement à l'arbre graphique, la **Fiche** contient tous les détails connus sur la personne sélectionnée.

> **!** Par défaut, le mode de saisie et d'affichage est celui de l'arbre graphique. Si vous préférez plutôt l'affichage par fiche, modifiez le *Mode de saisie et d'affichage par défaut* dans les réglages de l'arbre.

Des blocs informatifs apparaissent ou disparaissent d'une fiche à l'autre pour un rendu toujours concis, évitant l'effet « case vide », défaut de nombreux logiciels de généalogie. Sous l'entête de l'état civil peuvent s'ajouter :
– le n° sosa si l'individu fait partie de l'ascendance directe ;
– le portrait si l'image a été téléchargée ;
– le nombre de médias associés ;
– les parents, les conjoints et enfants, les frères et sœurs, mais aussi les demi-frères et demi-sœurs et les relations citées dans les évènements (témoins, parents adoptifs ou nourriciers, parrains et marraines, etc.) ;
– une chronologie récapitulant tous les événements connus pour la personne ;
– les éventuels documents et notes associés.

L'écosystème de la fiche

Un maximum d'informations sont liées entre elles et permettent aux utilisateurs de naviguer d'un parent à l'autre dans l'arbre, permettant une lecture fluide en remontant une filiation ou en papillonnant de lien en lien.

Ces dernières années, cette logique d'hyperliens universels s'est fortement développée, grâce notamment aux projets collaboratifs directement accessibles depuis l'arbre :
– ainsi le signalement d'un soldat de la Grande Guerre ajoute un lien direct vers la liste des autres soldats du régiment signalés dans la base collaborative *Nos Ancêtres dans la Grande Guerre* ;
– autre exemple : l'ajout d'un acte dans la fiche le rendra disponible quasi instantanément aux autres membres dans le moteur de recherche.

Encadré apparaissant si vous avez signalé la participation d'un ancêtre à la guerre de 1914-1918.

Paramètres de la fiche et menus de l'arbre

De nombreux paramètres sont disponibles afin de personnaliser la saisie des fiches notamment via le menu **Paramétrer**, puis **Autres paramètres**, notamment :
– le mode de saisie (standard présenté ici ou façon *Geneweb* pour les nostalgiques) ;
– le mode d'affichage par défaut de l'arbre (arbre graphique ou fiche) ;
– l'affichage et les règles de suggestion des lieux lors de la saisie des événements ;
– l'affichage de l'historique des modifications des fiches pour les abonnés Premium (avec possibilité de retour à une version antérieure en cas d'erreur).

Citons la présence permanente de l'icône **Annotations** qui sert de pense-bête pour annoter les fiches de votre arbre (mais aussi ceux des autres membres). Pour faciliter leur consultation, ces notes sont ensuite récapitulées dans le menu **Aide à la saisie**, puis **Annotations sur cet arbre**.

Autre fonctionnalité qui n'apparaît (et pour cause) que sur les fiches concernant des personnes contemporaines : **Inviter cette personne à voir mon arbre**. Grâce à l'état civil renseigné, Geneanet détecte automatiquement les cousins et vous propose de les inviter à consulter votre arbre en leur adressant un message.

Impressions de listes et d'arbres

Les fiches de l'arbre généalogique disposent de nombreuses possibilités d'impression de listes ou d'arbres plus ou moins détaillés (voir page 34). Attention le choix de la fiche de départ aura une incidence sur le résultat obtenu, assurez-vous de partir de la racine de l'arbre si vous souhaitez l'éditer en entier.

Choix de la racine de l'arbre

Rappelons-le, la numérotation Sosa est utilisée dans votre généalogie pour identifier tous les ascendants de la personne retenue comme souche de l'arbre. Par défaut, vous êtes considéré comme l'individu n° 1, vos parents comme les n° 2 et n° 3 et ainsi de suite...

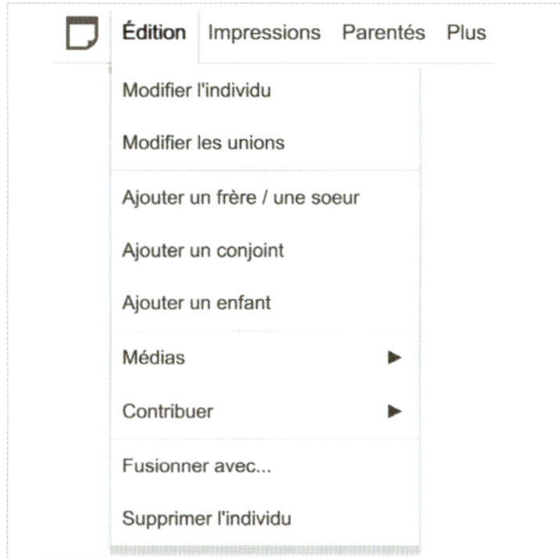

Toujours présent en haut à droite de l'écran, le menu permet d'accéder facilement à toutes les fonctionnalités nécessaires à la création de l'arbre, à l'ajout de documents, à l'impression de listes ou de filiations et à d'autres possibilités que vous apprivoiserez avec le temps.

Sachez qu'il est tout à fait possible de désigner une autre personne comme souche de l'arbre. Pour cela, rendez-vous dans le menu **Gestion**, **Paramétrer** puis **Fiches de référence**.
Remarque : ce paramètre de gestion ne doit pas être confondu avec l'option **Naviguer avec cette fiche comme sosa n° 1**, disponible dans le menu **Plus**, qui permet simplement d'afficher l'arbre graphique centré sur une autre personne pour visualiser son ascendance renumérotée.

Correspondances pour compléter ses sources

Tout généalogiste vous le dira, une information n'est pas fiable tant qu'elle ne fournit pas sa source. Les fiches individuelles disposent d'une fonctionnalité qui « fait travailler Geneanet à votre place » afin de justifier votre arbre par des sources fiables. Le lien **Rechercher les actes correspondants** est disponible en bas de chaque fiche dès lors qu'elle contient au moins un événement d'état civil et permet d'accéder à un écran dédié proposant des correspondances vers les autres arbres Geneanet, mais surtout vers de nombreux registres externes présentant les actes d'état civil originaux en version numérisée.

ACTUCES POUR FACILITER VOS SAISIES

Le formulaire de saisie simple est facile à apprivoiser pour créer les premières personnes de votre arbre. Mais plus vous avancerez dans vos recherches et plus les informations s'accumuleront. Vous aurez alors probablement besoin d'utiliser les fonctions masquées de l'affichage détaillé.

Affichage simple

L'affichage des formulaires contient les informations de base par défaut : état civil, naissance, mariage, décès pour les fiches **Individu** et mariage pour les fiches de **Couple** ou **Famille**. Néanmoins, si vous avez acquis un peu d'expérience, vous savez déjà que toutes les informations connues au moment de la saisie d'un individu (ou d'un événement) sont bonnes à prendre, pour éviter de les oublier ou de les perdre…

! De nouvelles fonctionnalités apparaissent régulièrement, suivez l'actualité sur le blog pour découvrir leur fonctionnement.

Affichage détaillé

L'affichage détaillé contient des champs supplémentaires permettant de noter tous les détails à votre disposition au moment de la saisie. Dans tous les cas, cet affichage détaillé offre la possibilité de mentionner l'origine de chaque information dans le champ **Source** et de rédiger des **Notes** pour ne plus jamais rien oublier !

Dans la fiche individuelle, on trouvera notamment les titres de noblesse, la gestion de filiations particulières et les paramètres de confidentialité individuels évoqués dans le chapitre précédent.

Ajout d'éléments supplémentaires

Si jamais l'affichage détaillé ne vous permettait pas de noter, pour les individus ou les unions, toutes les informations à votre disposition, jetez un œil du côté du bouton **Ajouter un élément** : vous y trouverez de quoi compléter l'état civil des personnes avec un sobriquet, un nom public pour les personnes célèbres, l'alias d'un nom ou d'un prénom (notamment pour les variantes d'orthographe décelées dans les divers documents consultés) ou encore de quoi ajouter, pour chaque événement recensé, les témoins cités.

Aides à la saisie

Lors de la saisie, de nombreuses informations proposent des aides, c'est-à-dire des valeurs selon les premiers chiffres ou les premiers caractères de votre frappe :

– Nom, prénoms et profession : l'aide vous propose ceux déjà présents dans votre généalogie ; cela vous permet de gagner du temps et d'éviter les fautes de frappe, fréquentes lorsqu'on saisit sa généalogie ;

– Lieu : l'aide propose une liste de lieux au fur et à mesure que vous tapez des lettres : complète pour la France, cette liste ne l'est pas pour le reste du monde (cela varie selon les pays, de la quasi-totalité pour la Belgique à quelques-uns seulement pour l'Algérie). Son fonctionnement et la façon de préciser les lieux-dits sont détaillés dans la fiche n° 2.

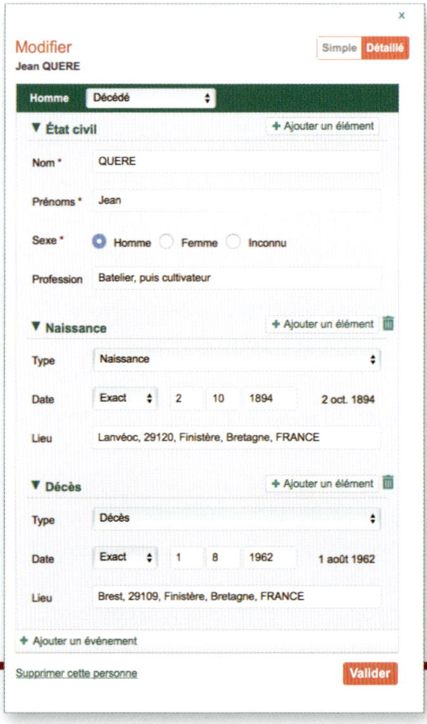

Afin d'éviter les oublis et les saisies partielles, certaines informations sont contrôlées lors de la validation, ce qui peut déclencher l'apparition d'un message de type « Échec de la modification ». C'est le cas par exemple si vous omettez de choisir le sexe d'un enfant : un message apparaît vous demandant de compléter votre saisie. Ces informations obligatoires sont identifiables par un astérisque rouge.

En complément, certains contrôles vous permettent d'être alerté lorsque votre saisie n'est pas (généa)logique : vous ne pourrez pas faire décéder un ancêtre avant sa naissance ni naître un enfant après le décès de sa mère...

En cas de problème détecté lors de l'enregistrement de la saisie, des messages d'avertissement apparaissent et vous invitent à corriger le texte. Ils sont en rouge lorsqu'ils empêchent totalement l'enregistrement et en orange lorsqu'ils sont informatifs.

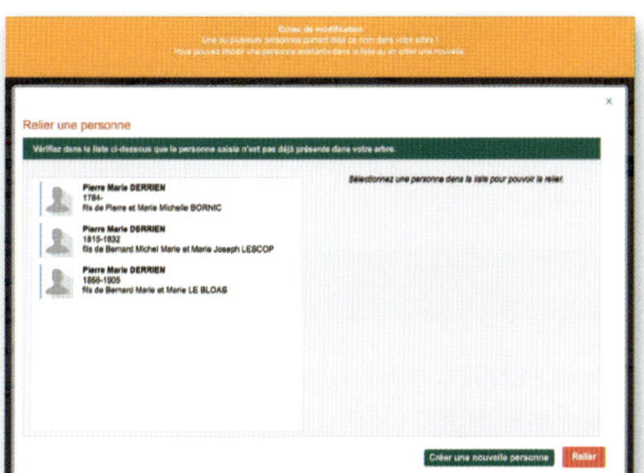

Cet écran apparaît lorsque le risque d'un doublon est détecté, il nécessite une confirmation de votre part avant la validation de votre saisie.

La fusion d'individus

Par défaut, lorsque la création d'un individu correspond à une personne déjà présente dans votre arbre (portant les mêmes noms et prénoms), un message d'avertissement vous prévient. Il vous permet de fusionner les deux fiches si l'individu est implexe (c'est-à-dire apparaît bel et bien plusieurs fois dans votre ascendance par diverses branches) ou si par inadvertance vous avez créé un doublon (bouton **Relier**). Sinon il vous permet de confirmer la création d'un nouvel individu dans l'arbre (bouton **Créer une nouvelle personne**), même si celui-ci est homonyme d'un autre.

Note : cette fonctionnalité de fusion d'individus est utile pour relier les individus concernés après l'import d'une branche à partir d'un Gedcom (voir fiche n° 4).

La vérification des anomalies de l'arbre

Indépendamment des contrôles effectués lors la saisie, vous pouvez à tout moment vérifier les anomalies détectées dans votre arbre si vous êtes abonné Premium. En utilisant le menu **Gestion**, puis **Vérifier les anomalies**, vous accéderez à la liste des incohérences généalogiques détectées (sur les dates notamment), ainsi qu'à la liste des lieux enregistrés en dehors de la liste proposée par l'aide à la saisie.

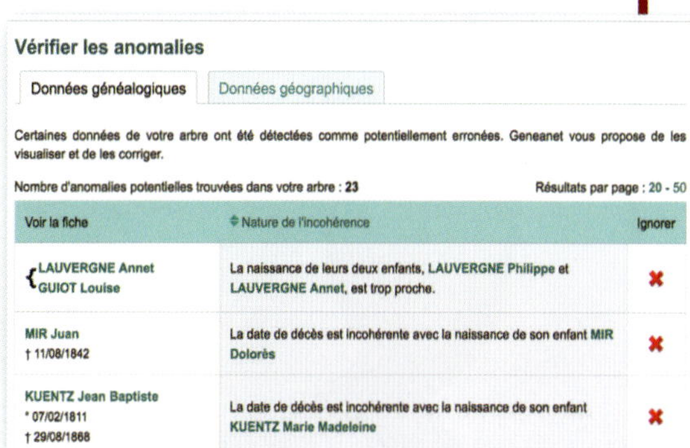

Lorsque votre généalogie est devenue conséquente, il peut être utile de temps à autre d'y faire un peu de ménage : ces listes vous sont dans ce cas d'une grande aide.

RECENSER TOUS LES LIENS ENTRE INDIVIDUS

Votre parcours de généalogiste sera probablement ponctué de découvertes de faits et d'informations nécessitant de déroger à la saisie basique de la fiche individuelle et des simples liens parents/enfants. Sachez que tous les liens de parentés sont normalement matérialisables entre les individus de l'arbre.

Les relations particulières

Présent dans le bas de l'écran de saisie, le pavé **Relations** vous permettra de gérer les parents adoptifs ou ayant reconnu l'enfant (l'individu de la fiche en modification).

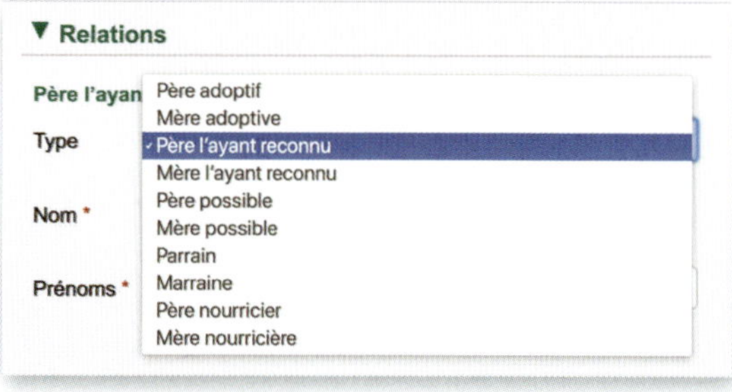

Contrairement aux témoins qui suivent, les relations sont rattachées à l'individu, car valables pour la vie entière. On y trouvera de quoi désigner les parents adoptants, nourriciers ou ayant reconnu un enfant, les parrain, marraine ou les parents supposés (cas où la mémoire familiale aurait permis d'identifier la relation sans qu'aucune preuve n'existe).

> **!** Il vous faudra peut-être fouiller dans les menus de l'écran de modification pour trouver le lien de parenté qui vous intéresse. Pour cela n'oubliez pas de passer en mode détaillé.
>
> Simple | Détaillé

Les témoins

Les témoins sont des informations gérées au niveau des événements.

Si en dehors des actes de mariages, la plupart des actes d'état civil modernes ne contiennent plus que des tiers anonymes effectuant la déclaration dans le cadre de leur profession, les témoins cités sur les actes plus anciens sont souvent des membres de la famille. Ne négligez donc pas ces informations présentes sur les actes et faites l'effort de les saisir en même temps que les informations de l'événement. Tôt ou tard, cette collecte d'informations vous servira à recoller des morceaux de l'histoire familiale ou à dénouer une énigme de recherche.

Corriger les erreurs de filiation

Si vous avez fait des erreurs dans les filiations au cours de vos saisies, rendez-vous dans **Édition** > **Modifier les unions** des parents afin de **Délier** les enfants qui n'en sont pas.

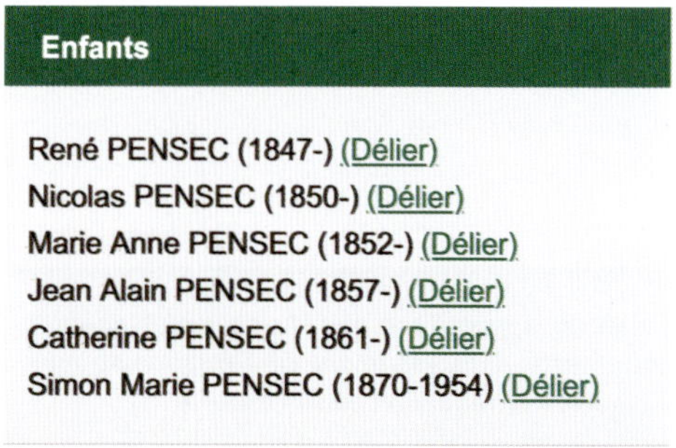

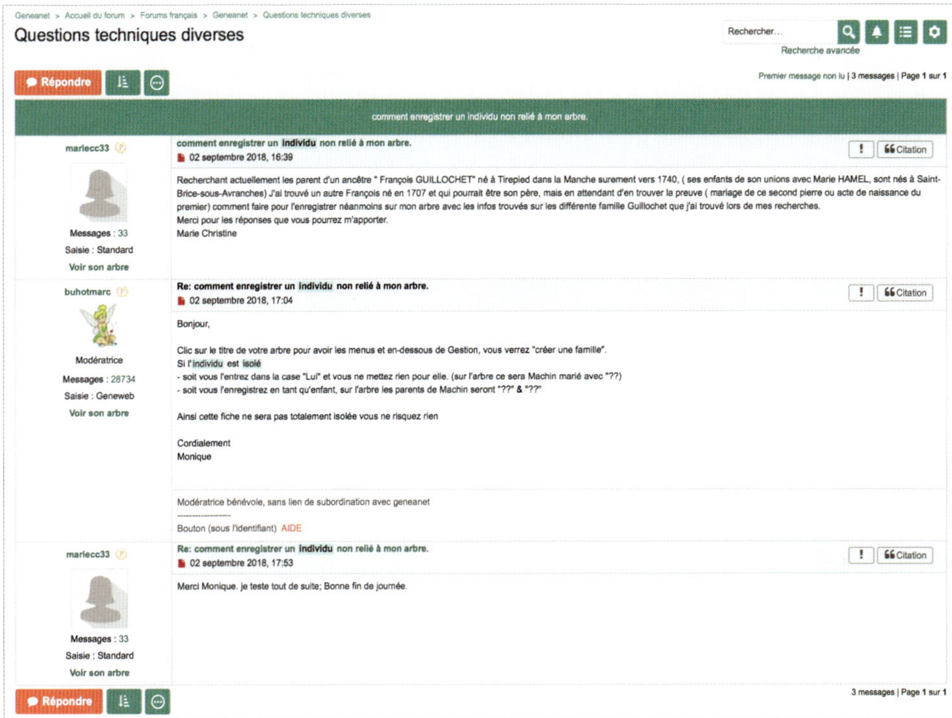
Geneanet > Accueil du forum > Forums français > Geneanet > Questions techniques diverses

Questions techniques diverses

Rechercher... Recherche avancée

Répondre

Premier message non lu | 3 messages | Page 1 sur 1

comment enregistrer un individu non relié à mon arbre.

marlecc33
Messages : 33
Saisie : Standard
Voir son arbre

comment enregistrer un individu non relié à mon arbre.
02 septembre 2018, 16:39

Citation

Recherchant actuellement les parent d'un ancêtre " François GUILLOCHET" né à Tirepied dans la Manche surement vers 1740, (ses enfants de son unions avec Marie HAMEL, sont nés à Saint-Brice-sous-Avranches) J'ai trouvé un autre François né en 1707 et qui pourrait être son père, mais en attendant d'en trouver la preuve (mariage de ce second pierre ou acte de naissance du premier) comment faire pour l'enregistrer néanmoins sur mon arbre avec les infos trouvés sur les différente famille Guillochet que j'ai trouvé lors de mes recherches.
Merci pour les réponses que vous pourrez m'apporter.
Marie Christine

buhotmarc
Modératrice
Messages : 28734
Saisie : Geneweb
Voir son arbre

Re: comment enregistrer un individu non relié à mon arbre.
02 septembre 2018, 17:04

Citation

Bonjour,

Clic sur le titre de votre arbre pour avoir les menus et en-dessous de Gestion, vous verrez "créer une famille".
Si l'individu est isolé
- soit vous l'entrez dans la case "Lui" et vous ne mettez rien pour elle. (sur l'arbre ce sera Machin marié avec "??)
- soit vous l'enregistrez en tant qu'enfant, sur l'arbre les parents de Machin seront "??" & "??"

Ainsi cette fiche ne sera pas totalement isolée vous ne risquez rien

Cordialement
Monique

Modératrice bénévole, sans lien de subordination avec geneanet
----
Bouton (sous l'identifiant) AIDE

marlecc33
Messages : 33
Saisie : Standard
Voir son arbre

Re: comment enregistrer un individu non relié à mon arbre.
02 septembre 2018, 17:53

Citation

Merci Monique. je teste tout de suite; Bonne fin de journée.

Répondre

3 messages | Page 1 sur 1

Les individus de l'arbre sont reliés entre eux

Contrairement à d'autres logiciels de généalogie qui créent les individus avant de leur affecter un lien avec les autres personnes de l'arbre, Geneanet impose de définir la nature du lien avant de créer un individu. Comment alors ajouter un individu sans lien avec quiconque dans l'arbre ? Cela est théoriquement impossible depuis la saisie dans l'arbre graphique ou dans la fiche. En tous cas, aucun menu ne permet de procéder à ce genre de saisie.

Avant de vous avouer vaincu, lorsque vous rencontrez un cas de figure qui sort des sentiers battus, n'hésitez pas à consulter les forums. Les utilisateurs de Geneanet sont tellement nombreux qu'il est plus que probable que la question ait déjà été posée... et résolue.

Une solution...

En tapant notre question « Comment créer un individu isolé dans un arbre ? » dans le moteur de recherche du forum, on trouve effectivement un échange récent à ce propos et la réponse d'une modératrice bénévole qui propose une solution de contournement.

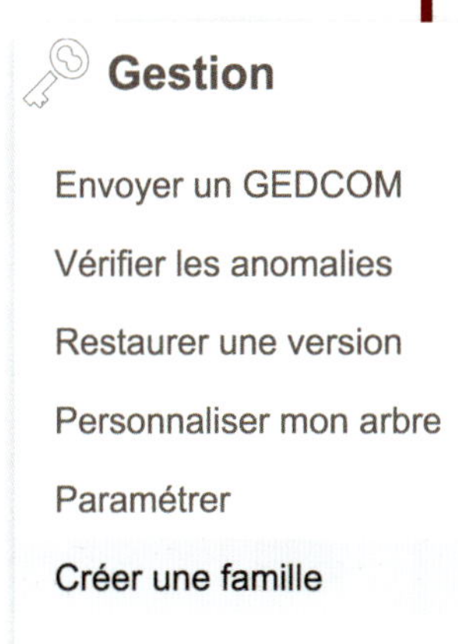

L'astuce consiste à utiliser le lien **Créer une famille** dans le pavé **Gestion** du menu principal de l'arbre en ne saisissant que les informations du pavé *Lui* si c'est un homme, *Elle* si c'est une femme.

Attention toutefois à ce genre de manœuvre : l'individu non relié risquera d'être perdu dans la boîte noire du contenu de votre arbre et ne sera pas représenté dans l'arbre graphique. Cela constitue par ailleurs un risque majeur de création de doublons, c'est-à-dire d'enregistrement deux fois du même individu dans votre arbre.

GÉRER LES ACCÈS À VOTRE ARBRE

L'arbre constitue le fruit de vos recherches généalogiques. Vous allez probablement vouloir le partager avec vos proches. Certains pourront contribuer à l'enrichir mais vous ne souhaitez pas pour autant que tout le monde puisse le modifier. Dans tous les cas, une solution existe pour donner à chacun l'accès qui lui convient à l'arbre.

Inviter vos proches à consulter votre arbre

Les premiers contacts que vous voudrez probablement ajouter seront vos proches pour qu'ils consultent l'avancement de l'arbre familial. Pour cela rien de plus simple : dirigez-vous vers le menu principal **Communauté**, puis **Contacts**, un bouton **Inviter à voir mon arbre** vous permet de lancer les invitations en indiquant les emails de vos proches.

Inviter à voir mon arbre

Ils recevront ainsi un email les invitant à se connecter s'ils sont déjà membres ou à créer leur compte gratuit. Un message par défaut vous est proposé pour chaque type d'accès. Vous pouvez néanmoins le personnaliser en ajoutant un petit mot personnel.

> ! Dans tout le site, partout où l'identifiant d'un membre apparaît, vous pouvez consulter sa fiche et retrouver les icônes **Ajouter à mes contacts** ou **Envoyer un message** pour le contacter via la messagerie interne.

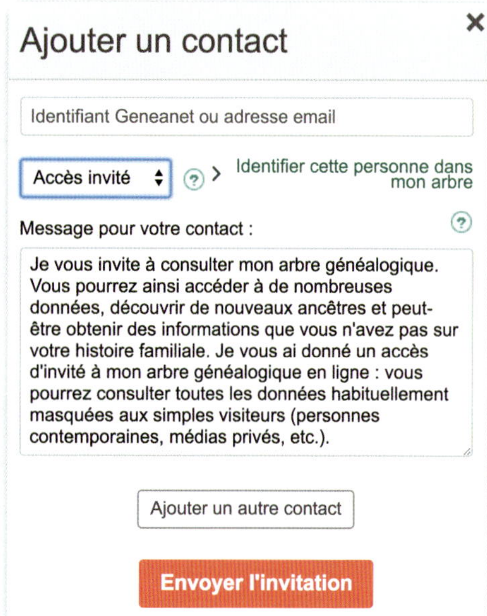

En utilisant l'option **Identifier cette personne dans mon arbre**, vous faciliterez encore plus la tâche de vos contacts car, lorsqu'ils accèderont à votre arbre, leur navigation sera positionnée directement sur leur fiche.

L'arbre indexé sur les moteurs de recherche

Notons que ces fonctions d'invitation, qui incitent le destinataire à créer un compte Geneanet gratuit, ne prennent réellement leur sens que pour donner à vos contacts un rôle invité ou éditeur. Si vous ne souhaitez pas leur permettre d'accéder à un contenu normalement masqué dans la version publique de l'arbre, envoyez simplement à vos proches un message électronique contenant l'url de votre arbre (du genre : https://gw.geneanet/identifiant). Il est même encore plus simple de leur dire de taper « Geneanet » et votre identifant sur un moteur de recherche, ils vous trouveront à coup sûr !

Les différents types d'accès

À chaque contact vous pourrez au choix leur offrir les accès :

– **visiteur** : pour visualiser l'arbre et son contenu public ;

– **invité** : pour visualiser l'arbre avec son contenu et ses médias privés (notamment pour les personnes contemporaines si vous avez choisi d'en masquer les informations dans les réglages de confidentialité) ;

– **éditeur** : pour accéder à l'arbre et avoir la possibilité de l'éditer, d'y ajouter de nouveaux éléments ou d'en modifier le contenu. Ce dernier type d'accès est idéal si vous travaillez à plusieurs sur un même arbre généalogique.

Précisons que les paramètres d'accès sont révocables à tout instant. En tant que propriétaire de votre arbre, vous seul décidez des accès de vos contacts.

Notez également que ces accès sont valables pour l'arbre entier, vous ne pouvez pas limiter le type d'accès ni moduler la circulation dans l'arbre en fonction du lien de parenté. À vous d'être attentifs dans la gestion de vos accès.

Dans tous les cas, vous pourrez consulter les statistiques de vos contacts et vérifier notamment la dernière fois qu'ils ont consulté votre arbre.

Rappelez-vous qu'en fonction des paramètres de confidentialité de l'arbre et du type d'accès attribué aux contacts, ils ne verront pas la même chose que vous. Si vous oubliez ce détail, vous pourriez vous trouver dans la confusion lors de vos échanges si certains venaient à vous dire qu'ils ne voient pas telle ou telle information ou pire que certaines ont disparu !

N'oubliez pas non plus que ces accès ne s'appliquent que si l'on est connecté en ayant saisi son identifiant et mot de passe. À tout moment, si vous avez un doute sur ce que voient les autres membres de votre arbre, sachez que tout en bas de votre écran, sous le cartouche qui récapitule votre profil, un menu **Accès** vous permet de simuler la visualisation de l'arbre selon l'un ou l'autre des types d'accès. Si vous utilisez cette fonction, n'oubliez pas de repositionner ensuite l'accès éditeur, car le paramètre reste valable d'une page à l'autre.

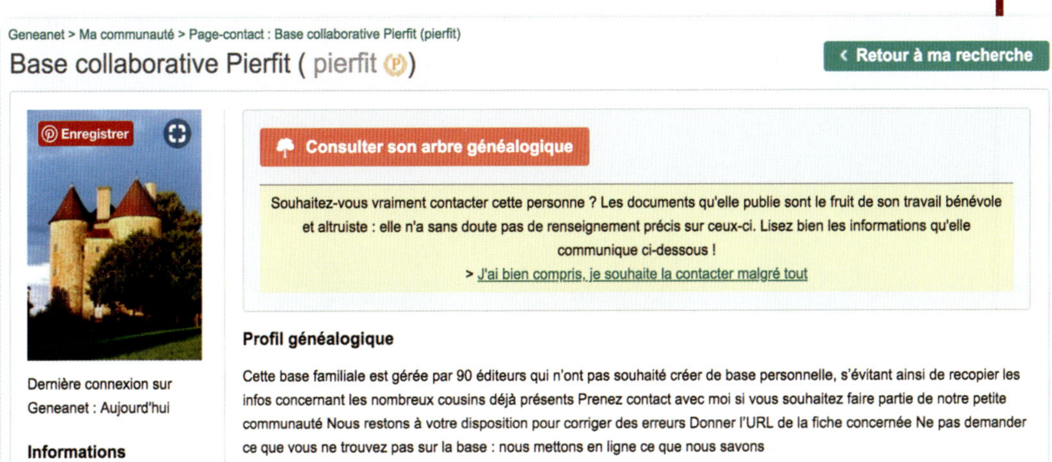

Certains membres poussent la gestion des accès à leur paroxysme en collaborant à des arbres gigantesques comme l'arbre Pierfit (Base collaborative Pierfit) où près d'une centaine de personnes partagent les droits d'édition et de modification sur un arbre qui recense et relie plus de deux millions d'individus.

Vous avez saisi plusieurs fiches individuelles et votre arbre commence à prendre vie, il est temps de donner une autre perspective aux noms, professions et événements saisis en ajoutant des documents à vos fiches : photos, actes, blasons ou documents de famille. Les possibilités sont multiples.

Donner un visage à chacun

Pour donner un aspect plus vivant à votre arbre et affecter à chaque personnage sa photo, utilisez le menu **Édition**, **Média**, puis **Ajouter un portrait** ou cliquez directement depuis **l'icône crayon** dans l'arbre graphique. Vous pourrez ensuite glisser les fichiers, les sélectionner sur votre ordinateur ou à partir de vos fichiers déjà téléchargés.
Attention : par défaut, la première image importée sur une fiche est considérée comme photo principale et s'affiche à la place du portrait dans l'arbre ou la fiche. Si l'effet vous paraît disgracieux, utilisez le menu **Édition**, **Média**, puis **Désactiver la photo principale**, le document sera conservé dans les médias associés à la fiche, mais n'apparaîtra plus en lieu et place du portrait.

> ! La gestion des images a subi une grande refonte dernièrement : on différencie désormais vos propres documents (soumis à quota dont l'état est indiqué par une icône pourcentage) des documents issus des fonds collaboratifs et disponibles à la recherche pour tous (évoqués p. 60).
>
> 1%

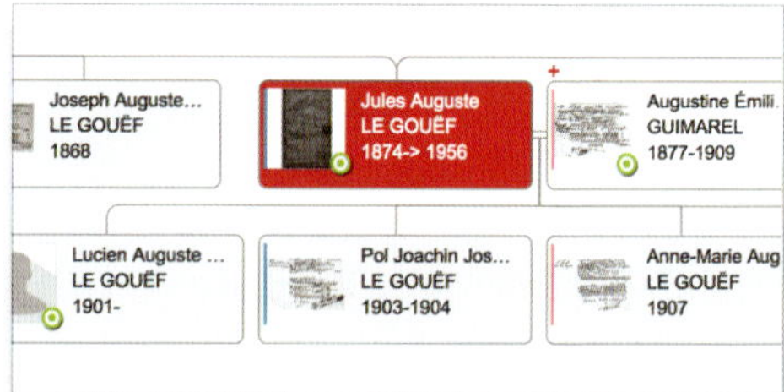

Pour modifier l'image principale d'un individu de votre arbre, rendez-vous sur sa fiche détaillée et cliquez sur le lien Gérer les médias. Vous pourrez sélectionner la photo à utiliser comme portrait dans l'arbre graphique.

Associer des documents à votre arbre

Si vous souhaitez compléter votre arbre avec les documents récoltés lors de vos recherches, utilisez le menu **Édition**, **Média**, puis **Ajouter une photo/un document** ou cliquez directement depuis **l'icône crayon.**
Vous pourrez ajouter autant de médias que vous le souhaitez dans la limite de 2 Go de données pour les abonnés Premium, ou 250 Mo si vous utilisez un compte gratuit. Ils sont ensuite consultables dans votre arbre et tous regroupés dans le menu de l'arbre : **Autour de l'arbre,** puis **Mes documents.**
Notez que les médias restent la propriété de leur déposant même s'ils apparaissent de façon publique sur votre arbre. Si vous décidez de la supprimer, l'image disparaîtra purement et simplement de votre arbre et de Geneanet.

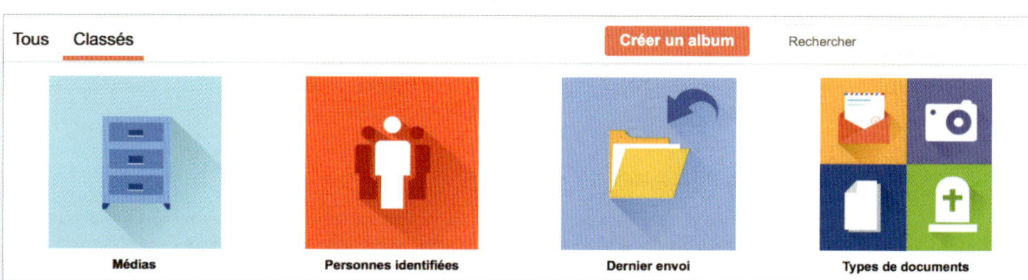

Tous les documents ajoutés à votre arbre sont regroupés dans l'écran Mes documents, *accessible depuis le menu principal de l'arbre. Ils sont consultables par ordre chronologique d'ajout, par personne identifiée dans l'arbre ou par type de document. Important : vous retrouvez dans l'écran* Ma généalogie > Mes documents *les images publiées sur votre arbre en ligne. Les actes ajoutés aux bases collaboratives sont quant à eux disponibles via* Projets > Mes contributions.

L'un des intérêts d'ajouter vos documents à votre arbre Geneanet est leur conservation : pas de risque de crash du disque dur, de virus ou de perte d'informations. Et si besoin, vous pouvez à tout moment télécharger à nouveau la photo sur votre ordinateur.

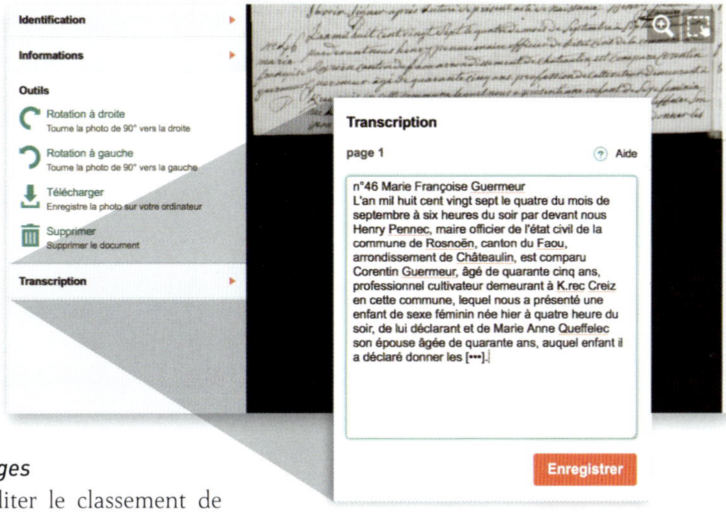

Faire le tri dans les images

Si vous souhaitez faciliter le classement de vos médias, il faut les gérer de façon rigoureuse et en compléter les informations. Plusieurs types de documents sont proposés et permettent de trier par nature dans votre espace média : documents familiaux, portraits, photos de groupe, actes d'état civil, archives notariales ou militaires, recensements, autres. Vous pouvez associer une date, un lieu et un éventuel commentaire à votre document et appliquer une rotation à l'image si celle-ci a été numérisée dans le mauvais sens. Attention, par défaut, un document ajouté à l'arbre prend comme intitulé le nom du fichier et est classé dans la catégorie portrait.

Transcrire les documents

Quel amateur de généalogie n'a pas été confronté à la lecture difficile d'un acte ancien ou a buté sur un mot illisible : afin de ne pas refaire plusieurs fois le même effort et de faciliter la lecture de vos visiteurs, tapez la transcription du document. Vous aurez peut-être le réflexe de « traduire » le contenu en français d'aujourd'hui, mais il est conseillé de transcrire un document dans son orthographe initiale, en respectant les sauts de ligne et en remplaçant les caractères illisibles par le caractère «-».

Identifier les visages sur les photos de groupe

Vous pouvez traiter les photos de groupe de deux façons :

– en « découpant » chaque visage pour en faire autant d'images séparées à associer à chaque personne de l'arbre ;

– en utilisant la fonctionnalité d'identification des personnes qui grâce à l'outil de sélection détermine la position du visage dans la photo et l'associe à un individu dans l'arbre. Cette dernière méthode minimise l'occupation de l'image dans votre quota réservé aux documents, puisque la photo n'est stockée qu'une seule fois dans l'écran **Mes documents**. Qui plus est, chaque fiche concernée hérite de l'image automatiquement et cela facilite les mises à jour qui ne se font qu'à un seul endroit.

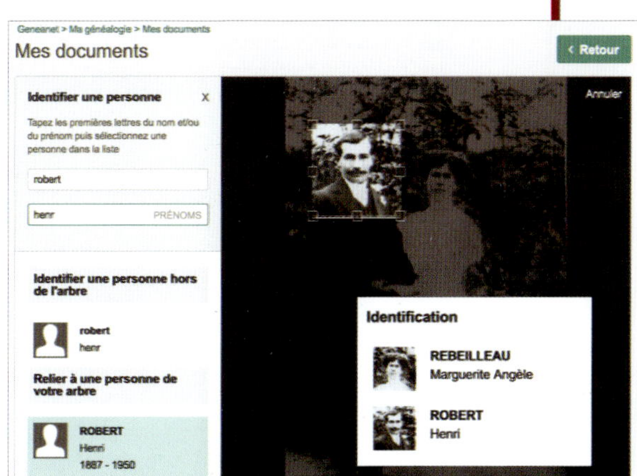

CONTRIBUER EN PARTAGEANT VOS ACTES

Si en téléchargeant vos documents sur votre arbre, vous souhaitez aussi les mettre à disposition des autres utilisateurs via le moteur de recherche, utilisez le menu* Contribuer *dans votre arbre.

Envoyer un acte

En utilisant le menu **Contribuer** de votre arbre vous serez invité à choisir parmi les différents types d'actes qu'il est possible de déposer. Un formulaire adéquat vous permettra de saisir les informations nécessaires à l'indexation du document et à sa mise à disposition dans le moteur de recherche.

Les documents multipages sont traités comme un seul, avec la possibilité d'envoyer, pour un même acte, jusqu'à dix fichiers, au maximum de 10 Mo chacun.

Attention toutefois : c'est le nom des fichiers qui détermine leur ordre lors de l'import, veillez donc à bien nommer vos fichiers images. Attention aussi aux formats acceptés, qui sont uniquement : *.jpg, *.png et *.bmp.

> **!** L'ajout d'images via le menu **Contribution** s'effectue par des liens entre votre arbre et le document.
> En cas d'erreur, consultez le document et cliquez sur le bouton **Retirer ce lien.**
>
> Retirer ce lien

Types d'actes et autorisations

Vous êtes invité à partager :
– registres paroissiaux ;
– état civil ;
– archives notariales (contrat de mariage, testament, inventaire après décès, autre)
– autres fonds (faire-part, document militaire ou judiciaire, recensement).

La procédure est très simple et rapide, mais ne vous alertera pas si vous ne respectez pas les droits sur les conditions de réutilisation des images des documents issus des différents dépôts d'archives. Soyez très vigilant et respectez la loi, même si on imagine mal un conseil général attaquer en justice un particulier qui a partagé un acte de naissance sur son arbre généalogique. N'hésitez pas à questionner les responsables des centres d'archives.

Au-delà des droits de réutilisation des documents d'archives, pensez au respect de la vie privée : il n'est pas possible d'afficher des actes trop récents (10 ans pour les actes de décès, 75 ans pour les autres).

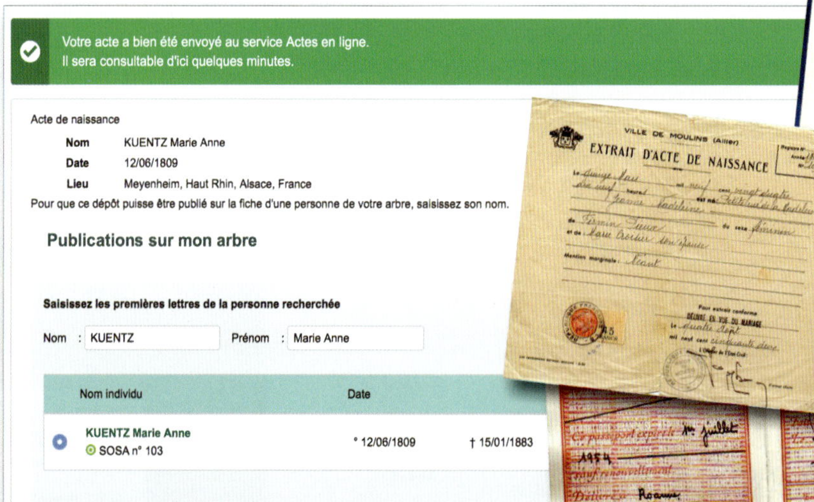

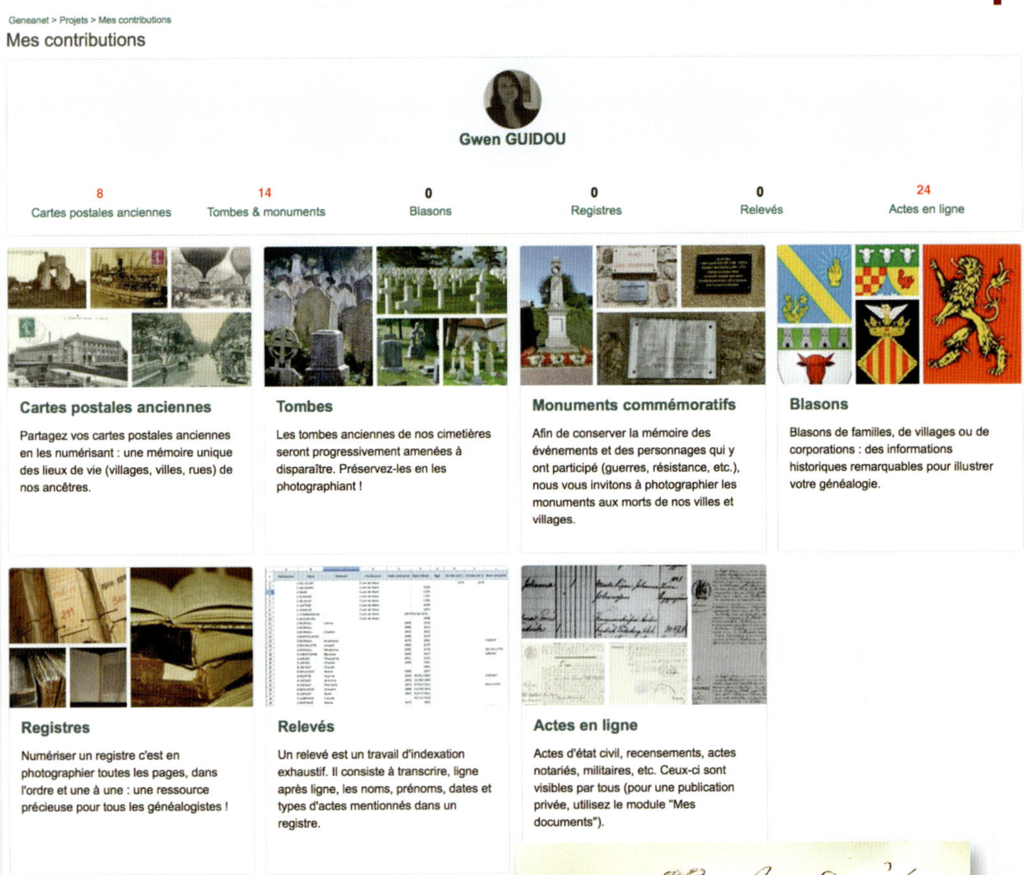

L'écran **Mes contributions** vous donne la vision de tous les documents déposés via le menu de votre arbre, mais également tous les projets contributifs décrits dans le chapitre « Faire avancer la généalogie avec Geneanet » (p. 56-71). En cliquant sur chaque catégorie, vous accédez à la liste de vos documents partagés.

Vous seul restez propriétaire, ce qui fait qu'à tout instant vous pouvez décider de les supprimer de Geneanet, vous pénaliserez simplement les autres utilisateurs qui auraient relié ce document à leur arbre. Note : si vous avez vous aussi relié des documents partagés par d'autres à votre arbre, vous les retrouverez également dans cet écran (voir page suivante).

RELIER DES DOCUMENTS DÉJÀ PARTAGÉS

Avant de vous lancer dans le dépôt de tous vos documents sur votre arbre Geneanet, vérifiez si d'autres membres n'ont pas déjà déposé ces documents avant vous. Geneanet étant un site collaboratif, les membres peuvent mettre en ligne et partager leurs documents en les rendant accessibles à tous.

Un pour tous, tous pour un !

Nous l'avons déjà évoqué, Geneanet offre de nombreuses bases collaboratives dans lesquelles vous pouvez rechercher des informations généalogiques. Lors de la consultation des arbres des autres membres ou via les résultats du moteur de recherche, de nombreux médias sont consultables et tous disposent d'un bouton **Relier/délier** ou d'une fonction **Ajouter une liaison avec mon arbre**. Utilisant toute la puissance des permaliens (adresse web permanente qui reste figée quels que soient les modifications du site qui l'héberge), Geneanet permet d'exploiter un « pot commun » de documents d'une richesse potentiellement infinie. Toutefois, vouloir chercher pour votre arbre les médias déjà disponibles sur Geneanet peut être comme chercher une aiguille dans une botte de foin. La fonctionnalité Premium de comparaison vous facilite la tâche en vous listant directement les arbres et documents concernant des individus en commun avec votre arbre (voir page 48).

! En reliant des documents issus des bases collaboratives à votre arbre, vous n'entamez pas la limite de stockage de vos propres documents.

Relier un document à votre arbre

Si, en consultant un arbre, vous découvrez un document concernant l'un de vos ancêtres, il vous suffit de cliquer sur l'image pour accéder au détail et utiliser la fonction de liaison qui s'affiche. Idem si la découverte s'effectue parmi les résultats de recherche. Vous devrez choisir parmi la liste des individus présents dans votre arbre, ce qui activera un lien entre les deux.

Comme vous l'aurez compris, les informations sont de plus en plus connectées entre elles : votre arbre sera référencé parmi ceux ayant relié le document à l'une de leurs fiches. De quoi faciliter les échanges entre les utilisateurs de la communauté Geneanet !

En consultant un document sur l'arbre d'un autre membre, il est possible de le « rapatrier » sur votre arbre en faisant une recherche par nom/prénom, vous en proposant la liste. L'image n'existe qu'une seule fois sur Geneanet avec un permalien mais peut se trouver associée à plusieurs arbres. En déposant vous aussi vos images dans cette base collaborative, vous ferez à coup sûr des heureux !

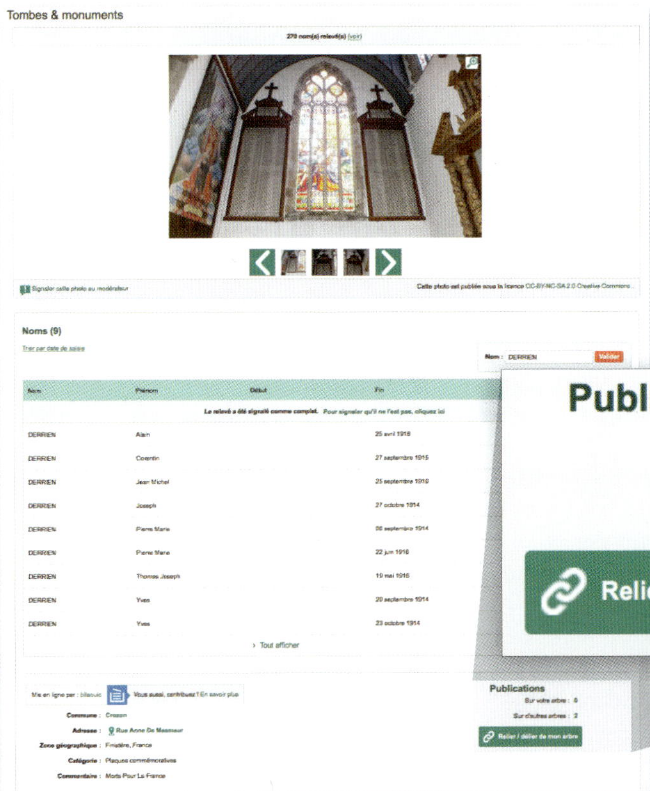

Depuis une des bases collaboratives (ici Tombes et monuments), le bouton Relier/délier vous permettra de choisir parmi vos ancêtres à qui rattacher le document et le compteur de publications s'incrémentera. Ici le monument dédié aux soldats de 1914-1918 a déjà été relié deux fois par d'autres membres.

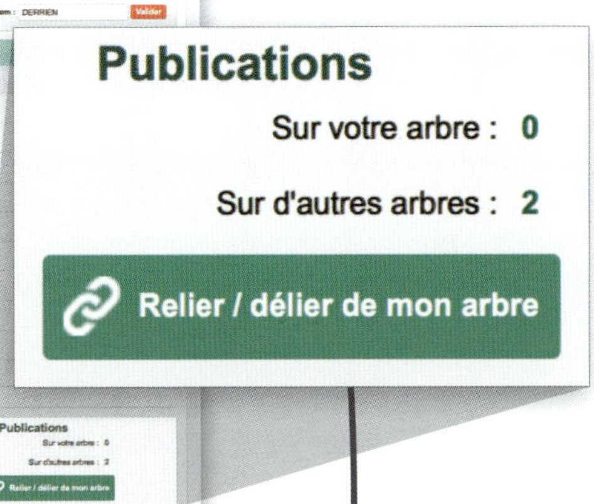

Instantanément, l'image apparaît sur la fiche concernée dans votre arbre.

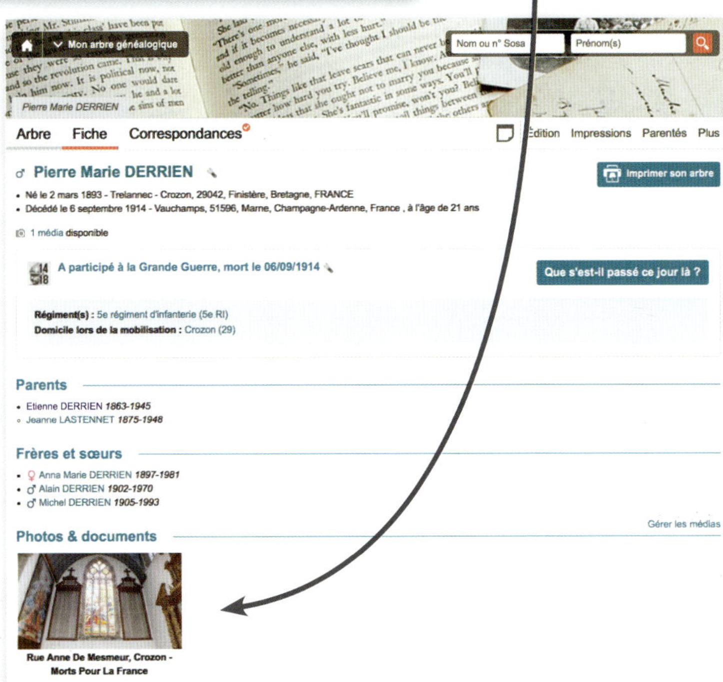

LES DICTIONNAIRES ASSOCIÉS À L'ARBRE

Au fil de vos saisies dans l'arbre, les lieux, sources et professions renseignés se retrouvent listés automatiquement dans les* Dictionnaires *de votre arbre. Ils permettent une consultation groupée et la possibilité de modifier en une fois toutes les fiches comportant une information commune erronée.

Accessibles par le menu **Aide à la saisie** de votre arbre, les **Dictionnaires** pourraient passer comme des écrans de simples listes anecdotiques regroupant les lieux, les sources et les professions recensées dans votre arbre. Pourtant, il ne faut pas les négliger, surtout pour les lieux : une faute de frappe dans l'orthographe d'une commune et, vous et vos visiteurs, vous vous privez de retrouver l'information lorsque vous ferez une recherche sur votre arbre.

Grâce aux liens cliquables, vous retrouvez la liste de tous les lieux recensés dans votre généalogie ou encore, en un clic dans le dictionnaire des professions, vous identifiez par exemple tous les marins ou tous les notaires ayant existé dans votre famille.

> **!** Par défaut, l'aide à la saisie de Geneanet propose la commune avec son code Insee. Cette information, non obligatoire mais fortement conseillée, peut être remplacée par le code postal.

Dictionnaire des lieux

Bien qu'il existe une fonctionnalité d'aide à la saisie des lieux (voir page 20), il n'est jamais exclu de faire une erreur en ajoutant un événement sur une fiche. Une faute de frappe ou une espace de trop et votre lieu ne sera plus reconnu par le moteur de recherche ou lors des comparaisons de l'arbre.

Classé par ordre alphabétique des communes (puis des subdivisions éventuelles), le dictionnaire des lieux permet de les visualiser d'un seul coup d'œil et d'accéder à la modification en masse de toutes les occurences du lieu dans votre arbre. Cette vérification sera particulièrement nécessaire si votre généalogie a été importée au format Gedcom depuis un autre logiciel ou un autre site de généalogie.

Cliquez sur l'intitulé pour le modifier ou sur l'icône flèche pour consulter toutes les fiches mentionnant le lieu dans votre arbre.

Dictionnaire des professions

Le dictionnaire des professions fontionne sur le même modèle que celui des lieux. Pour profiter au maximum des possibilités de regroupement des métiers dans les listes ou les statistiques proposées autour de votre arbre, faites attention à la casse et à la ponctuation : le dictionnaire traitera toute variation comme une occurence différente.

Évitez donc aussi toute référence aux lieux ou au contexte et saisissez les professions de préférence comme notes dans la fiche individuelle.

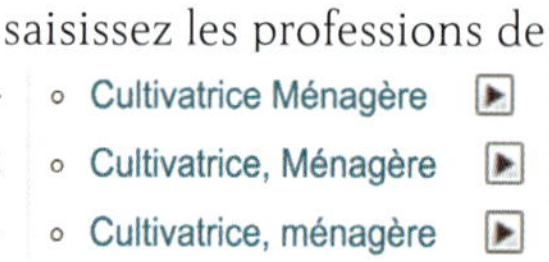

Dictionnaire des sources

Le dictionnaire des sources permet quant à lui de consulter la liste des sources référencées dans les fiches de l'arbre, mais il ne dispose pas encore de la fonctionnalité de consultation de toutes les fiches associées.

Une saisie correcte doit toujours se présenter sous la forme [lieu-dit, ancienne commune, paroisse, adresse, etc] – commune ACTUELLE, code postal ou INSEE, département, région, pays. La région est facultative et accepte aussi bien anciennes que nouvelles régions françaises.

Si vous êtes membre Premium, vous pouvez retrouver la liste des lieux non reconnus de votre arbre en cliquant sur le titre de votre arbre > Gestion > Vérifier les anomalies > onglet Données géographiques.

Les lieux disparus

L'histoire est ponctuée d'événements ayant un impact sur la géographie ou la toponymie des lieux. Le généalogiste s'interroge ainsi régulièrement sur la façon de saisir un lieu, notamment ceux qui n'existent plus en tant que tels (lieux révolutionnaires, communes fusionnées, changement de pays selon les époques). Se basant sur diverses listes constituées au fil du temps, le moteur de recherche est capable de relier de nombreux lieux disparus à leur commune actuelle lorsqu'ils sont situés en France. Mais pour bénéficier des fonctionnalités de cartographie associées à votre arbre, la meilleure option consiste à indiquer le nom de la commune actuelle, en faisant mention du lieu originel seulement dans les notes.

Les nouvelles régions françaises

Auparavant prises en compte dans la reconnaissance géographique des lieux saisis, les régions sont facultatives depuis la mise en place de la loi NOTRe en 2016. Geneanet a mis en place la nouvelle nomenclature dans l'aide à la saisie (nouvelles régions désormais proposées par défaut) mais a pensé à éviter à ses utilisateurs fidèles d'avoir à modifier leur arbre entier ! Vous êtes donc libre d'utiliser l'ancienne ou la nouvelle nomenclature, voire de ne rien saisir du tout. Mais si vous aimez la rigueur et que vous souhaitez ne pas voir des doublons comme *Toulouse, 31555, Midi-Pyrénées, France* et *Toulouse, 31555, Occitanie, France,* il faudra vous diriger vers le dictionnaire des lieux pour modifier les intitulés : ils se regrouperont automatiquement.

Les grandes villes ou pays étrangers francisés

Londres pour London, Autriche pour Österreich ou encore La Nouvelle-Orléans pour New Orleans, ces lieux sont la plupart du temps bien reconnus, vous pouvez les orthographier comme vous le souhaitez.

Le reste du monde

Si votre généalogie vous mène au-delà des frontières, n'espérez pas de miracle. Impossible de garantir qu'une commune de Côte-d'Ivoire ou du Vietnam sera correctement identifiée. Et si vous souhaitez saisir les noms de lieux avec des alphabets spéciaux, cyrillique, grec, arabe ou idéogrammes, ils ne seront pas identifiés. Néanmoins, pour la plupart des pays, les régions seront reconnues, il est donc conseillé de préciser la sous-région.

EXPLOITER TOUTES LES FONCTIONS DE L'ARBRE

La saisie de sa généalogie peut sembler fastidieuse, mais en arrière-plan l'application travaille pour vous et offre de nombreuses façons d'agrémenter votre expérience généalogique. Le menu supérieur de l'arbre vous donne accès à des fonctionnalités avancées pour aller au-delà d'un simple schéma.

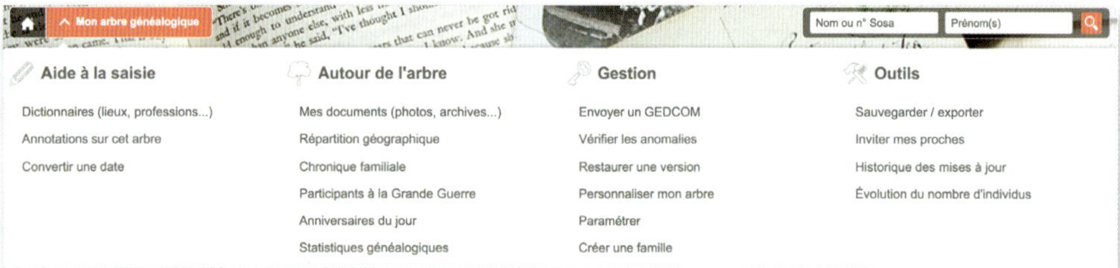

Annotations sur l'arbre

Véritables post-it virtuels (d'ailleurs accessibles via une icône évoquant le célèbre papier autocollant), les **Annotations** sont disponibles à tout instant dans les écrans de saisie et regroupées dans le menu **Aide à la saisie** de l'arbre.

Écrire sa chronique familiale

La **Chronique familiale**, accessible via les arbres en ligne, n'est autre qu'un espace de stockage de pages web, incluant textes avec sommaire automatique, et hébergement de photos. Elle est totalement gratuite et tout le monde peut ainsi créer son propre site web généalogique. Seul bémol : le texte doit être rédigé avec la syntaxe « wiki » (utilisée dans l'encyclopédie Geneawiki, voir page 68) qui nécessite un certain entraînement avant d'être maîtrisée.

! Les outils avancés prennent tout leur sens lorsque l'arbre est bien étoffé et que l'on souhaite aller plus loin que le simple recensement des ancêtres.

Plus anecdotique, mais utile pour constater le travail accompli, le menu Évolution du nombre d'individus *donne la progression de votre arbre au fil du temps.*

Calculer une parenté

Après avoir consulté la fiche d'un individu, vous avez peut-être besoin qu'on vous rappelle le lien exact entre cette personne et vous-même : l'option **Calculer une parenté** vous affichera, comme son nom l'indique, la relation qui existe et par quelles personnes elle passe.

Sauvegarder votre généalogie ou l'exporter

Que celui qui n'a jamais perdu des heures de travail en oubliant d'enregistrer une saisie, ou qui n'a jamais supprimé des dossiers entiers de photos par mégarde lève la main... Nous ne listerons pas ici toutes les raisons qui peuvent nécessiter de récupérer des informations et des documents sur Geneanet, mais sachez que vous pouvez retrouver tout ce que vous avez pu saisir ou stocker en ligne dans le passé.

Concernant votre arbre, dans le menu supérieur, puis dans **Outils**, vous pourrez au choix : récupérer votre Gedcom d'origine (très pratique en cas de souci si vous utilisez Geneanet simplement pour publier vos données maintenues dans un autre logiciel), exporter l'arbre complet au format Gedcom, en incluant ou non les liens vers les images et les chroniques, ou exporter seulement une branche.

Pour récupérer vos photos, il faudra vous tourner vers la rubrique **Mes documents** où vous pourrez télécharger tout ou partie des images déposées dans votre espace.

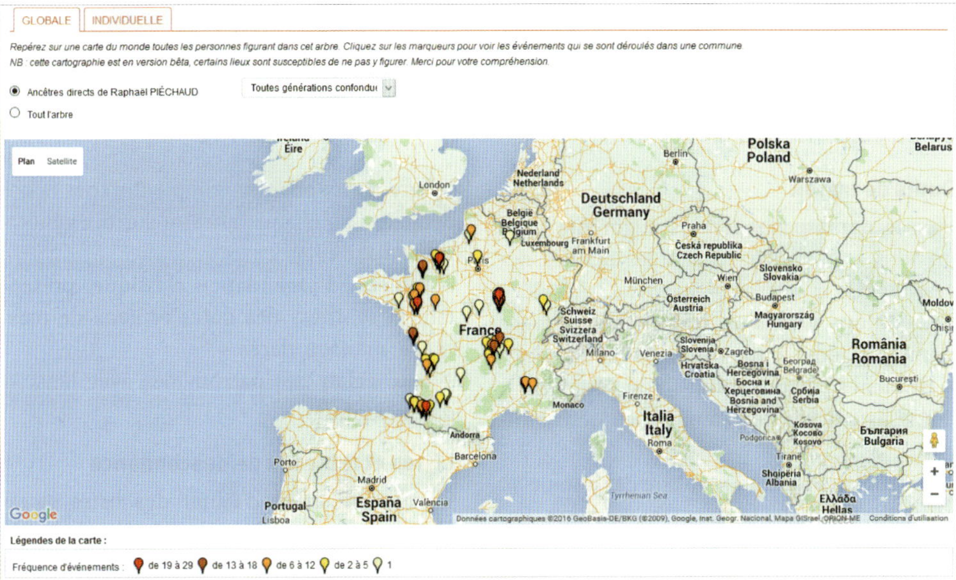

Exemple de répartition géographique des événements recensés dans un arbre (d'où l'intérêt de saisir les lieux avec grand soin, voir page précédente et fiche n° 2).

Répartition géographique

La fonction **Répartition géographique** propose une cartographie des ancêtres ou de l'arbre complet sur une carte dynamique. Elle est disponible facilement sur la page *Arbre en ligne*.

Des marqueurs de couleur indiquent là où vos ancêtres ont vécu : ce sont les lieux des événements saisis dans les fiches individuelles qui servent de source à la représentation.

Ainsi, plus il y a d'individus dans une commune, plus son marqueur est foncé. En cliquant dessus, vous obtenez le détail et vous pouvez accéder aux informations sur le lieu dans l'encyclopédie Geneawiki.

Statistiques généalogiques

Les abonnés Premium ont à disposition les **Statistiques généalogiques**. Des schémas colorés et dynamiques vous permettront de visualiser des statistiques sur les personnes et les familles de votre arbre : par exemple la répartition des naissances par mois, la moyenne d'âge à la première union, les dix prénoms les plus portés ou les professions de l'arbre les plus courantes.

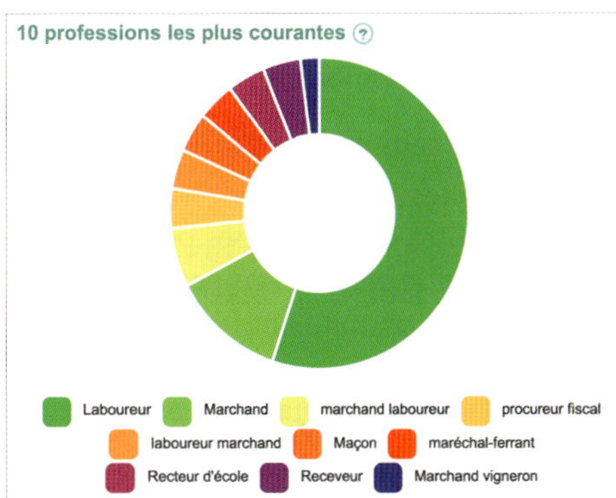

UTILISER L'APPLI GENEANET SUR SMARTPHONE

Si vous êtes détenteur d'une tablette ou d'un smartphone, l'appli Geneanet est une véritable extension de votre arbre en ligne. Disponible en version iOS ou Android, cette application permet d'avoir en permanence sa généalogie « dans sa poche » et de l'enrichir facilement à tout moment.

Version mobile ou appli Geneanet ?

Il existe deux façons d'accéder à Geneanet depuis un téléphone ou une tablette :

– la première consiste, comme sur votre ordinateur, à taper www.geneanet.org dans votre navigateur Internet. S'affiche alors une version du site dite « mobile » (affichage s'adaptant à l'écran de votre tablette).

Vous y retrouvez, dans le menu situé en haut à gauche, toutes les grandes rubriques du site : **Ma Généalogie**, **Rechercher**, **Contribuer**, **Communauté** et **Plus** ;

– la seconde solution possible consiste à installer l'application Geneanet via Google play ou l'App Store.

> **!** Une façon de ne plus oublier aucun anniversaire : l'appli mémorise dans un calendrier tous les anniversaires à venir dans la famille et vous alerte à chaque date.

Consultable même sans connexion

Une fois l'installation terminée, il vous suffit d'entrer vos identifiant et mot de passe pour retrouver votre espace Geneanet.

Si l'appli peut fonctionner sans connexion Internet pour la consultation, vous devrez disposer d'une connexion WiFi ou 3G pour synchroniser votre arbre. Pour modifier les fiches, il faudra en revanche être impérativement connecté.

À signaler : une option existe pour limiter la synchronisation au mode WiFi et ainsi éviter les dépassements de forfait de la 3G.

Sur mobile, l'arbre ressemble beaucoup à l'arbre graphique du site de Geneanet, sauf qu'ici le personnage central apparaît en couleur et qu'il suffit d'appuyer sur une autre case de l'arbre pour changer de famille. Selon votre écran, vous verrez trois ou quatre générations d'ascendance et une génération de descendance autour de la personne sélectionnée.

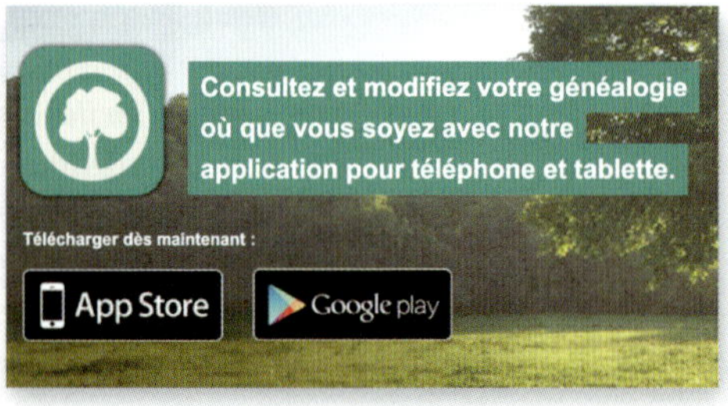

Rechercher une personne de l'arbre

L'icône loupe vous permet de taper un nom ou un prénom pour rechercher une personne grâce à un moteur de recherche intuitif (affichage de tous les résultats au fur et à mesure de la frappe des lettres). Cette recherche pourra si besoin se limiter aux individus Sosa (c'est-à-dire, pour mémoire, vos ancêtres directs) via le bouton situé à gauche du champ recherche.

Accéder aux arbres des autres membres

L'appli permet également de consulter les arbres des autres membres Geneanet pour lesquels vous avez été invité en tant que visiteur ou éditeur, voir page 24.

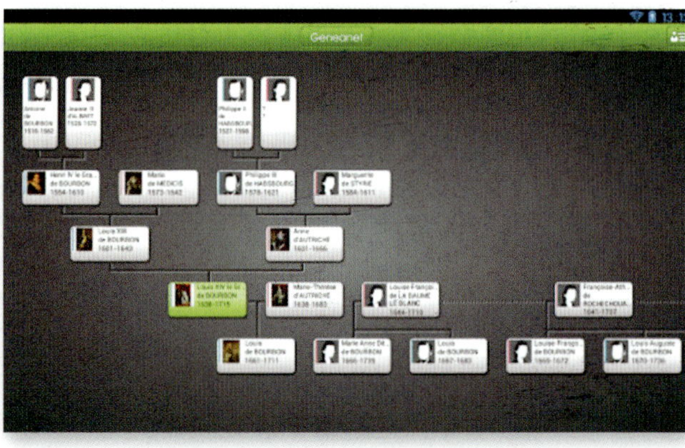

Ajouter des informations à tout moment

En déplacement aux archives, lors d'une cousinade ou encore d'un repas de famille, il est particulièrement appréciable de pouvoir consulter sa généalogie directement sur son smartphone ou sa tablette. Une fois connectée, l'application peut servir à annoter ou enrichir les informations de son arbre sans contrainte.

Pour cela, à partir de l'arbre, accédez à la fiche détaillée d'une personne par pression sur le bouton situé en haut à droite, avec sa photo (dont l'affichage nécessite une connexion Internet), son état civil complet, ses professions ou titres, ainsi que l'intégralité des notes et des sources. La même icône « clé à molette » que sur le site permet d'accéder à la modification de la fiche.

Au bas de l'écran, un bouton **Famille** permet de visualiser les conjoints et les enfants de la personne sélectionnée. En complément, **Parenté** affiche la liste des frères et sœurs, cousins, cousines et toutes les relations de parenté proches connues avec les autres individus de l'arbre.

Ajouter des photos de famille

Un autre atout de l'appli mobile est de pouvoir ajouter simplement des photos à votre généalogie. En quelques secondes, une photo prise de votre tablette ou de votre smartphone peut figurer sur votre arbre : cliquez sur la vignette de la photo sur la fiche de la personne : un menu apparaît, vous proposant soit de prendre directement une photo, soit de choisir une photo déjà stockée dans votre appareil.

Les possibilités de recherche sur Geneanet sont si nombreuses qu'il convient d'être organisé pour ne pas se perdre dans les méandres des menus et des fonctionnalités proposés. Attention : les abonnés Premium disposent de ressources auxquelles n'ont pas accès les membres ayant seulement un compte gratuit.

Le moteur de recherche cherche partout

Les arbres des membres sont la ressource principale exploitée par le moteur de recherche de Geneanet. Ils sont diffusés publiquement (en dehors des informations masquées volontairement grâce aux critères de confidentialité) et sont consultables sans limite.

Au-delà des arbres généalogiques, le menu de recherche propose d'autres types de ressources. Selon les critères saisis, vous obtiendrez, dans la liste des résultats, des propositions extraites de la bibliothèque généalogique, des relevés partenaires, des fonds documentaires, mais également de nombreux projets collaboratifs. La force du moteur de recherche est d'interroger l'ensemble de ces ressources en un seul et même endroit.

> **!** Geneanet n'est qu'un des outils du généalogiste sur Internet. De nombreux autres sites privés, associatifs ou publics, gratuits ou payants, existent avec d'autres fonds documentaires ou relevés à consulter. Il faut donc régulièrement « aller voir ailleurs » pour mieux revenir compléter son arbre en ligne.

Les utilisateurs à la source du contenu

Au-delà des fonds d'archives originales ou des relevés fournis par les partenaires, les membres contribuent par leur utilisation du site à l'apparition de nouveaux contenus disponibles à la recherche.

Il y a bien sûr le contenu des arbres, mais aussi tous les documents, actes ou photos ajoutés via le menu **Contribuer**.

Mais l'intervention des utilisateurs la plus précieuse pour enrichir les résultats de recherche reste l'indexation des contenus ajoutés et hébergés par Geneanet.

Le principe est simple : comme dans une bibliothèque, il faut effectuer son inventaire et maîtriser le classement de ses rayonnages pour espérer retrouver un livre.

Geneanet agrège et met à disposition régulièrement de nouveaux documents dans ses bases de données, mais pour que ceux-ci puissent apparaître dans les résultats de recherche, les utilisateurs sont invités à fournir les données permettant de les classer et de les retrouver : qui, quoi, quand, où sont les principales informations demandées. En dehors des fonds où des connaissances en paléographie sont indispensables, la tâche est donc accessible à tous.

Grâce aux centaines d'utilisateurs qui contribuent, dans le cadre de leur propre recherche ou par pur altruisme, de nouveaux documents apparaissent chaque semaine dans les résultats de recherche. Alors pourquoi ne pas aider à votre tour ? Les projets collaboratifs sont listés et décrits dans la quatrième partie.

Lors d'une recherche dans la Bibliothèque généalogique, vous pouvez filtrer les résultats selon le type de fonds (revues, livres, avis de décès, etc.)

Pas de résultat ? Essayez encore !

Ne pas conclure trop vite à l'absence d'infos

Pour faire une bonne recherche dans l'immensité de Geneanet, ne démarrez pas avec trop de précisions. Paradoxal me direz vous ? Vous allez comprendre...

Commençons par un exemple qui parlera à tous ceux qui ont déjà consulté des tables décennales pour trouver un acte. Des informations récoltées vous ont permis d'être sûr de la décennie et du lieu, mais pas de la date car, à la page où elle devrait se trouver, l'information convoitée est absente. Quid ? Aviez-vous tort ? La page a-t-elle été inversée lorsque le registre a été restauré ? Le scribe s'est-il trompé en reconstituant l'ordre alphabétique de la table ? Il y a mille raisons pour expliquer que l'information ne soit pas à l'endroit attendu. Les cas de figures sont nombreux et l'erreur est humaine !

Sur Geneanet, et sur Internet d'une manière générale, c'est la même chose. Si vous effectuez une recherche qui n'ouvre pas le champ des possibles, vous risquez de n'obtenir aucun résultat pertinent et de conclure à l'absence de l'information, alors qu'elle est peut-être bel et bien présente sur le site.

Certains parlent de logique entonnoir qui consiste à passer du général au particulier. Ici il faut plutôt faire l'inverse : ne pas s'en tenir à une orthographe précise, mais utiliser les variantes de nom et prénom (un Guidou devient facilement Guedou, un Jean-Pierre peut parfois s'appeler Jean tout court) ; ne pas non plus s'en tenir à un seul lieu mais élargir le champ d'action à quelques kilomètres à la ronde. Tout cela est expliqué dans les pages qui suivent.

L'exhaustivité n'existe pas

Malgré la profusion des ressources consultables sur Geneanet, elles ne sauraient être exhaustives :

– la communauté d'utilisateurs est importante, mais tous les généalogistes ne publient pas forcément leur arbre sur le site ;

– le nombre d'informations disponibles ou indexées par Geneanet est toujours plus conséquent au fil du temps, mais les archives sont d'une variété infinie. Selon l'organisation publique ou privée qui les détient, les possibilités et les conditions de consultation sont également très disparates ;

– si le nombre de partenariats conclus par Geneanet ne cesse d'augmenter, de nombreuses associations ou organisations conservent leurs propres fonds et leur propre système de diffusion...

En conclusion, l'outil Geneanet ne saurait vous suffire pour mener le plus loin possible vos recherches généalogiques et votre connaissance sur votre histoire familiale.

Le moteur de recherche est souvent la porte d'entrée pour la découverte de l'univers Geneanet. Disponible dès la page d'accueil ou via le menu Rechercher mes ancêtres, *il est utilisable par tous les internautes, qu'ils aient ou non un compte connecté.*

Rechercher ses ancêtres

Passé le moment de la découverte où vous tapez votre nom de famille « pour voir ce qu'il en sort », ce moteur de recherche sera votre porte d'entrée pour consulter tous les contenus généalogiques hébergés ou indexés par Geneanet.

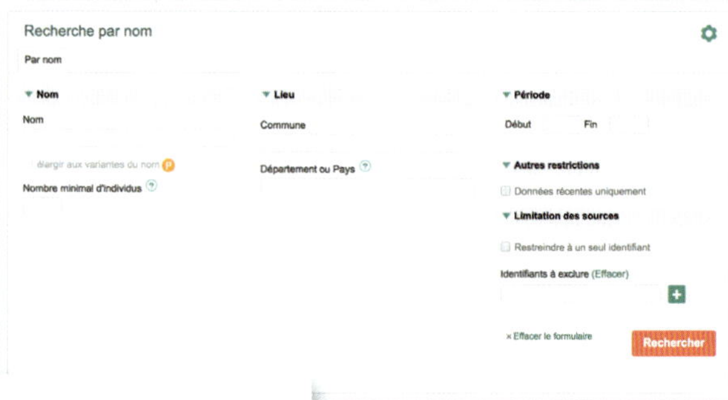

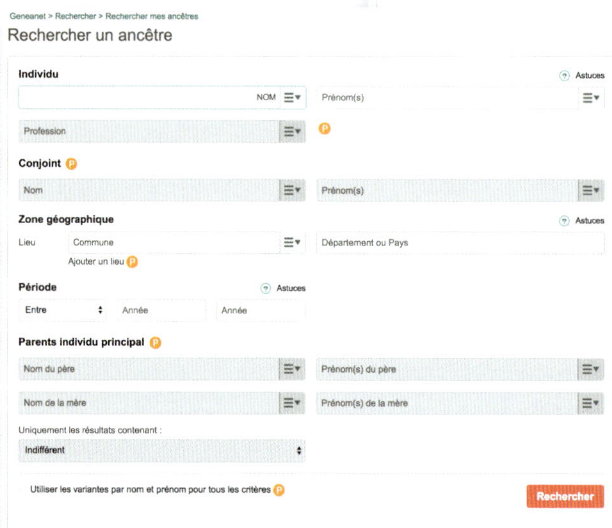

Ci-contre l'écran de recherche principal de Geneanet, remanié en 2015, remplaçant l'historique écran de recherche par nom ci-dessus. Ce dernier reste toujours disponible et peut avoir un intérêt, notamment pour sa liste de résultat agrégée.
Pratique : les fonctions d'édition de listes ou d'impression d'arbres décrites au chapitre précédent sont disponibles lors de la consultation des arbres des autres membres.

L'écran de recherche principal, intitulé **Rechercher ses ancêtres**, permet de bénéficier de tous les critères possibles, d'effectuer des recherches nominatives sur un individu, son conjoint, ses parents ou sa profession et de les croiser par zone géographique ou par période de dates.
La somme des critères étant parfois trop précise, il faut élargir sa recherche (c'est-à-dire atténuer des critères) pour obtenir des résultats. Remanié en 2015, le moteur permet d'interroger toutes les ressources disponibles sur Geneanet (voir page précédente) et d'accéder à des résultats nominatifs. L'écran de recherche historique de Geneanet, intitulé **Recherche par nom**, dispose de moins de critères mais présente un intérêt pour sa liste de résultats non pas nominatifs, mais regroupés par patronyme, intervalle de date et lieux, sur le principe des listes-éclairs bien connues des généalogistes. Vous pouvez demander que la recherche n'affiche que les résultats intégrant un nombre minimal d'individus.

> **!** Si le moteur de recherche est accessible à tous, il est préférable d'être connecté pour l'utiliser. Les abonnés Premium bénéficient de paramètres de recherches supplémentaires marqués d'un petit P.

Deux moteurs de recherche pour des résultats différents

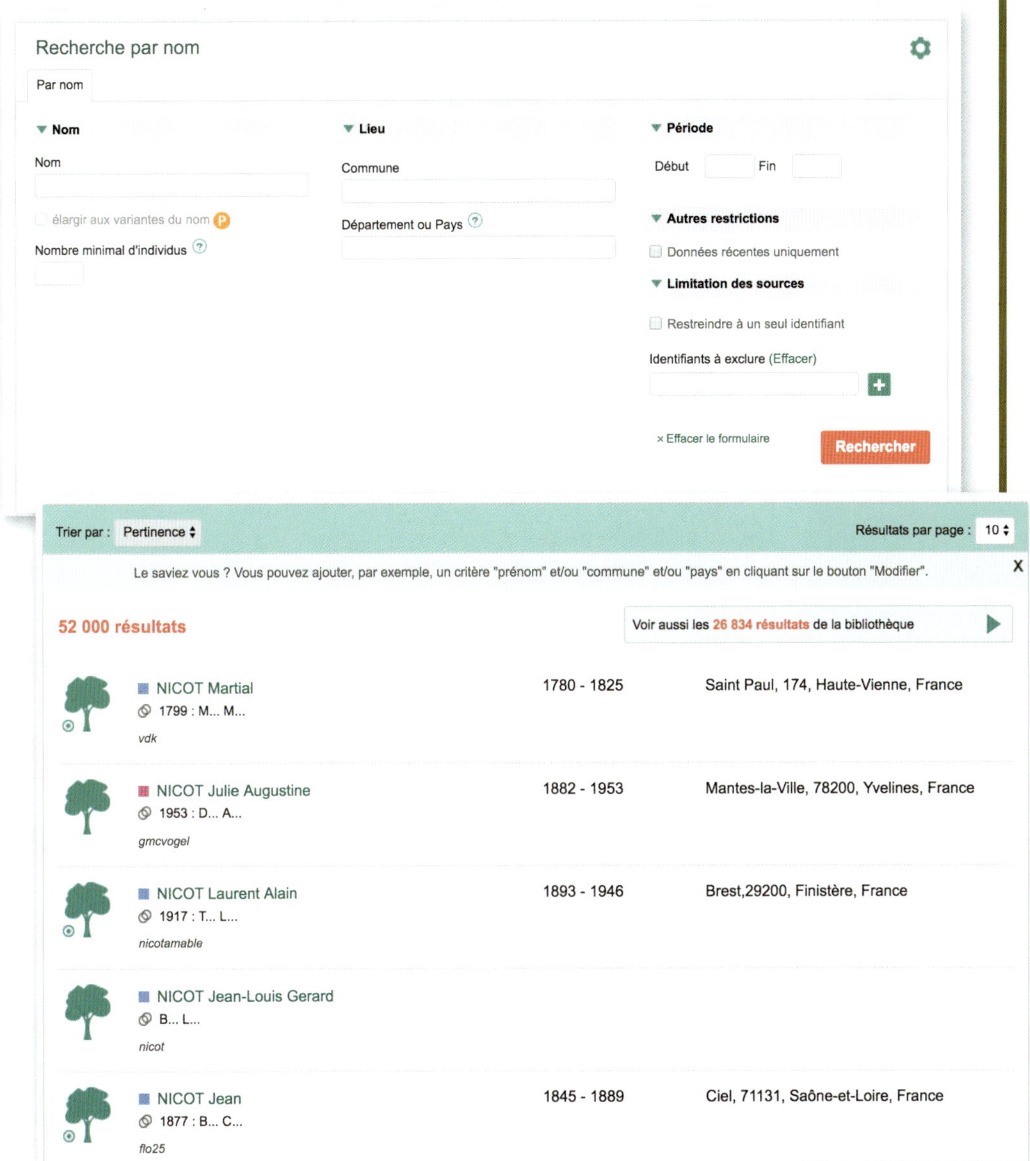

Un exemple très simple pour comparer la logique de présentation des résultats entre les deux écrans de recherche : tapez le nom Nicot sans aucun autre critère dans les écrans de recherche.

Le premier propose 15 000 résultats dans les arbres et regroupe les résultats de recherche façon « liste-éclair » en dénombrant les individus concernés.

Le second, qui affiche des résultats individuels et nominatifs, en propose 39 730 dans les arbres (sur 52 000 tous fonds confondus).

Les deux résultats sont bien sûr les mêmes et aussi fiables, la logique de présentation et de regroupement est simplement différente.

À vous de choisir la méthode avec laquelle vous serez le plus à l'aise selon vos besoins de recherche.

ACTUCES POUR AIGUISER VOS RECHERCHES

Les abonnés Premium bénéficient pour leurs recherches de critères avancés supplémentaires afin d'ajuster au mieux les critères de sélection et d'obtenir une liste de résultats affinée.

Les variantes des noms et des prénoms

Quel que soit votre nom de famille, il y a fort à parier qu'en remontant votre ascendance vous constatiez des variations dans son orthographe. Or taper un nom ou un prénom dans le moteur de recherche ne vous fournira que des résultats correspondant strictement à votre saisie. Si l'information recherchée n'apparaît pas dans la liste, c'est peut-être qu'elle n'existe pas, mais peut-être aussi qu'elle est orthographiée autrement.

L'option Premium **Élargir aux variantes** vous donnera accès à la liste de toutes les variantes orthographiques déjà identifiées par les autres membres. Si besoin cliquez sur **Configurer** afin d'ajouter vous aussi d'autres variantes à un nom ou à un prénom en fonction de vos recherches. Pour éviter de cocher la case **Élargir aux variantes** à chaque champ saisi, cliquez sur la case **Utiliser les variantes par nom et prénom pour tous les critères** en bas de l'écran des critères de recherche.

> **!** Ces critères de recherches réservés aux abonnés Premium sont de véritables atouts qui facilitent et accélèrent votre accès aux résultats pertinents.

Le caractère Joker

Concernant les noms et les prénoms, une autre astuce s'avère très utile pour effectuer une recherche avec des termes incertains. Il existe deux caractères dits *Joker* : le « * » qui remplace plusieurs caractères, le « ? » qui remplace une seule lettre. Vous pouvez les placer à n'importe quel endroit du nom ou du prénom (sauf en première position pour le « * »).

Pour en illustrer l'utilisation : si vous cherchez tous les Martin[quelque chose], vous pouvez saisir : « Martin* » dans la case « Nom » de sorte que les résultats vous présenteront tous les Martinot, Martinet, Martingot, etc. Si vous saisissez « Mart?n », vous trouverez tous les Martin, Marten, Marton, Martan (si toutefois ces noms existent).

Les lieux voisins

Enfin lorsque vous cherchez un ancêtre dans une zone approximative, sans réellement savoir quelle commune cibler, le critère **Élargir aux lieux voisins** est fait pour vous. En vous permettant de sélectionner un périmètre allant de 5 à 200 km autour d'une commune, il vous exempte de démultiplier vos recherches sur des dizaines ou centaines de communes susceptibles de contenir l'information.

Préférences de recherche

Si vous souhaitez bénéficier constamment de ces fonctions pour vos recherches, allez dans le menu **Rechercher** et cliquez sur le bouton **Préférences** afin de choisir vos paramètres.

Les abonnés Premium disposent d'un lien Rechercher les actes correspondants *sur les fiches des arbres lorsque les informations d'état civil sont suffisamment précises pour pointer vers un fonds externe d'archives numérisées et en accès libre du lieu et de la date correspondante. Cette fonction est très utile pour accéder au document original et ainsi vérifier les informations des arbres des autres membres.*

Astuce : Geneanet diffuse désormais la carte des archives départementales en ligne, afin de vérifier d'un coup d'œil si le département qui vous intéresse a diffusé ses archives (ici juin 2018). Elle est disponible via un lien dans la barre latérale à droite de l'accueil du blog.

Toutes les généalogies publiées par les membres depuis de nombreuses années constituent la plus importante base de données en accès gratuit sur Internet. Les informations publiées ont été saisies par des généalogistes plus ou moins avancés dans leurs travaux, tantôt très fiables, tantôt moins.

La confiance n'exclut pas le contrôle

Les généalogies hébergées par Geneanet forment un contenu contributif, où chaque membre est propriétaire et responsable des données qu'il saisit. Avec la présence de quelque 600 000 généalogies, cette base a assurément le potentiel de vous faire avancer dans votre quête. Attention, vous pouvez être tenté de reprendre telles quelles des informations collectées sur les arbres des autres, vous ne seriez ni le premier, ni le dernier. Toutefois, si les moyens modernes permettent de progresser cent fois plus vite qu'à l'époque des généalogies « papier », ayez en tête qu'une bonne information est avant tout une information vérifiée. Il est donc essentiel d'évaluer sa justesse avant de la reprendre dans votre arbre.

Si l'information est « sourcée » et saisie de manière détaillée avec la mention claire de son origine, vous pourrez sans doute la reprendre telle quelle dans votre propre généalogie (il est d'usage d'indiquer l'identifiant de l'arbre dans lequel vous avez pioché). En revanche, si l'information est incomplète, considérez-la simplement comme une piste de recherche et allez vérifier la source avant de vous l'approprier. À l'heure des permaliens et des archives diffusées gratuitement en ligne par leur service dépositaire, vous n'avez plus d'excuse pour ne pas faire un bon travail.

La profusion n'implique pas la véracité

Ce n'est pas parce que l'information est présente sur plusieurs arbres qu'elle est pour autant vraie.

Longtemps les arbres Geneanet ont pu être critiqués pour leur qualité relative, mais avec des fonctionnalités comme **Rechercher les actes correspondants** directement accessible dans les fiches des arbres des abonnés Premium pour mener aux registres numérisés, il n'a jamais été aussi facile d'effectuer une recherche généalogique qualitative.

PROGRAMMER ET GÉRER VOS ALERTES

Les alertes sont un système d'emails que Geneanet vous envoie pour vous tenir informé des nouvelles données disponibles. Les différentes bases de données du site (arbre, bibliothèque, archives, etc.) s'enrichissent en effet de centaines de milliers de données chaque mois. Des améliorations sont encore en cours.

Les alertes servent à mémoriser une recherche et à vous avertir dès qu'un nouveau résultat est disponible sur Geneanet.

> **!** Attention : demander une alerte ne signifie pas recevoir des informations chaque semaine, mais recevoir la bonne information lorsqu'elle apparaîtra sur Geneanet.

Les alertes par nom

Sauf si votre patronyme est très courant, une alerte par nom est automatiquement créée lors de votre inscription.

Profitant de cette fonction qui scrute en permanence les informations ajoutées sur Geneanet, vous pouvez créer d'autres alertes : c'est l'équivalent d'une recherche, mais qui ne donne ses résultats qu'au fil de l'eau, à chaque fois qu'il y a des données nouvelles. Indiquez le nom recherché (attention les variantes ne s'appliquent pas ici), la période et le lieu qui vous intéressent et laissez faire le temps.

NB : vous pouvez exclure certains identifiants de membres (généalogies déjà explorées ou non pertinentes).

Les alertes par individus

Les alertes par individus, réservées aux abonnés Premium, sont plus précises car elles permettent de cibler des personnes (nom et prénom). En fonction des informations publiées sur votre arbre, le système explore automatiquement les résultats et vous en informe par email. Là encore, vous gardez la main sur les paramètres, avec cette fois, les critères avancés de la recherche Premium : variantes, conjoints, parents, profession, etc. On notera la présence de l'option « Branches bloquées » pour cibler spécifiquement les branches de l'arbre où les individus restent sans ascendance connue ou encore le filtre pour restreindre les alertes aux seuls individus dont le conjoint est connu.

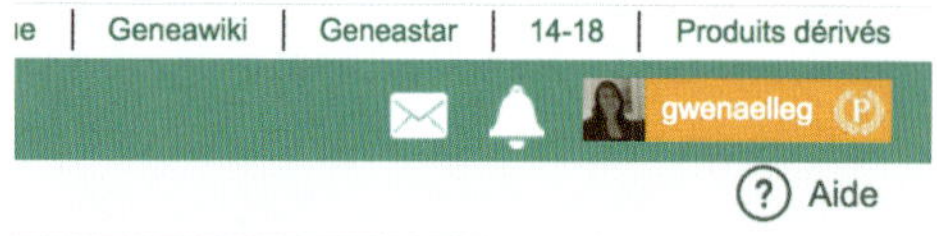

Pour accéder à vos alertes, rendez-vous sur l'icône cloche située en haut à droite de votre écran : c'est là que vous choisissez les alertes que vous souhaitez voir ou modifier.

L'écran de paramétrage des alertes par individus vous permet de personnaliser le périmètre d'application des alertes automatiques.

En complément des alertes automatiques par individus, vous pouvez créer des alertes personnalisées. Le plus simple est alors d'indiquer vos critères dans l'écran Rechercher un ancêtre*, puis de cliquer sur l'icône* Créer une alerte *dans l'écran des résultats de recherche. Dès que de nouveaux résultats sont disponibles, vous êtes averti par email.*

Ne pas confondre alertes et newsletters

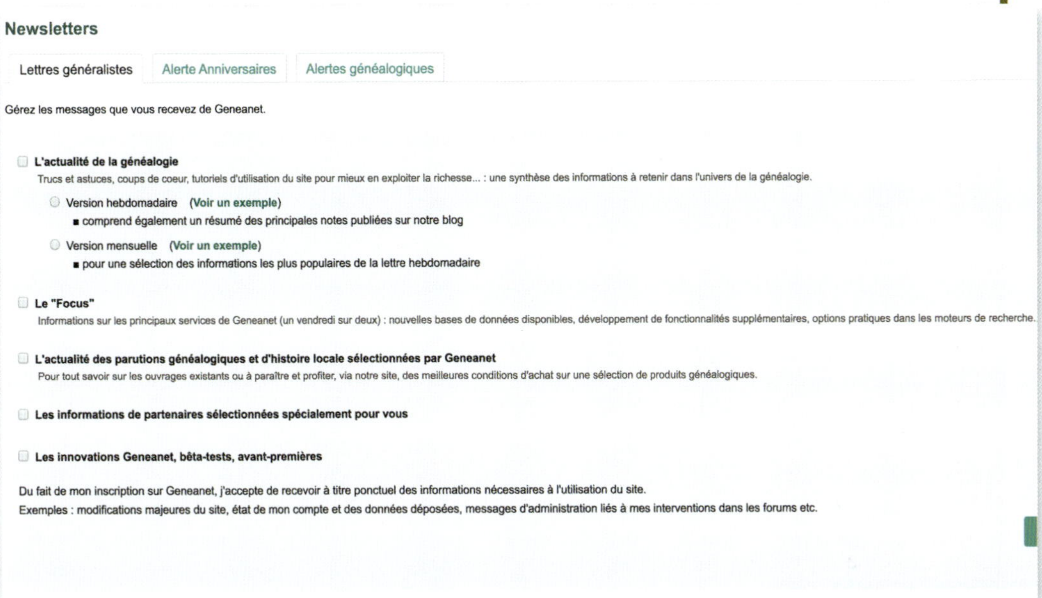

Du fait de votre inscription sur Geneanet, vous pouvez recevoir ponctuellement des informations liées à l'utilisation du site. C'est le cas lorsque l'état de votre compte ou des données déposées ou vos interventions dans les forums le nécessitent. C'est le cas aussi lorsqu'apparaissent des modifications majeures du site, etc.
Cependant, pour vous informer de l'actualité Geneanet ou généalogique en général, le site propose de vous abonner gratuitement à des lettres d'informations hebdomadaires ou mensuelles :

Recevoir l'actualité généalogique par email

Rendez-vous dans le menu disponible en cliquant sur votre identifiant en haut à droite de votre écran. Vous trouverez :
– *L'Actualité de la généalogie* en version hebdomadaire ou mensuelle : trucs et astuces, coups de cœur, tutoriels d'utilisation du site pour mieux en exploiter la richesse... : une synthèse des informations à retenir dans l'univers de la généalogie ;
– Le *Focus* : informations sur les principaux services de Geneanet (un vendredi sur deux) : nouvelles bases de données disponibles, développement de fonctionnalités supplémentaires, options pratiques dans les moteurs de recherche ;
– *L'actualité des parutions généalogiques et d'histoire locale.* Pour tout savoir sur les ouvrages existants ou à paraître et profiter, des meilleures conditions d'achat sur une sélection de produits généalogiques ;
– *Les informations de partenaires* sélectionnées spécialement pour vous ;
– *Les innovations Geneanet,* bêta-tests, avant-premières.

Recevoir les rappels d'anniversaires

Plus anecdotique, mais très utile pour penser aux anniversaires de vos proches : le rappel automatique de leur date. Le pré-requis est d'avoir recensé leur date de naissance dans votre arbre. Vous pouvez, au choix, recevoir une alerte quotidienne ou hebdomadaire pour :
– seulement vos proches ;
– tous les descendants de vos grands-parents et leurs conjoints ;
– tous les descendants de vos arrière-grands-parents et leurs conjoints ;
– ou toutes les personnes de l'arbre.

COMPARER VOTRE ARBRE

Dernière grande nouveauté offerte aux utilisateurs abonnés Premium, la fonction de comparaison de l'arbre généalogique. C'est une façon de faciliter vos recherches généalogiques en faisant « travailler Geneanet » avec une exploration automatique du contenu des arbres des autres membres.

La comparaison d'arbres

Tous ceux qui ont commencé leur généalogie sur papier et vécu le travail fastidieux de pointage et de croisement des informations à la main trouveront cette fonctionnalité un peu « magique » : récolter la comparaison de vos données avec celles d'autres généalogistes partout en France ou dans le monde était, il n'y a pas si longtemps, un rêve inatteignable.

D'un clic, et après quelques secondes ou minutes d'attente (selon la taille de votre arbre), la fonctionnalité de comparaison vous donne accès à de nouvelles pistes de recherche grâce à la comparaison individu par individu de votre arbre avec ceux de tous les arbres publiés sur Geneanet !

> ! Dans la consultation des fiches de l'arbre, si l'onglet **Correspondances** est suivi d'une petite icône, cela signifie que des résultats ont été trouvés pour cet ancêtre dans d'autres arbres.

Très simple à obtenir

Le pré-requis est d'avoir des individus et des données dans son arbre et d'avoir un abonnement Premium. Si c'est votre cas, l'écran **Comparer mon arbre** vous proposera de lancer le processus en un clic de trois façons différentes :

– par la recherche des ascendants manquants dans votre arbre mais présents dans d'autres ;

– par la recherche de cousins, Geneanet indiquant votre lien de parenté plus ou moins lointain avec l'autre généaologiste ;

– par la recherche des cousins célèbres dont les généalogies sont présentes sur Geneastar.

Un écran vous montre les résultats et les conserve en mémoire tant qu'un autre processus de comparaison n'est pas enclenché. Vous pourrez ainsi morceler votre travail de consultation et d'analyse des résultats.

Savoir s'organiser

Selon la taille de votre arbre et l'état d'avancement de vos recherches, les résultats de correspondances peuvent être très nombreux et l'ampleur de la tâche à accomplir pourrait vous décourager. Il est donc préférable de passer par le configurateur détaillé : il vous permet de restreindre le champ de recherche à ce qui vous paraît être prioritaire. Un véritable coup de boost pour compléter votre arbre ou démontrer que l'aventure généalogique n'est jamais terminée !

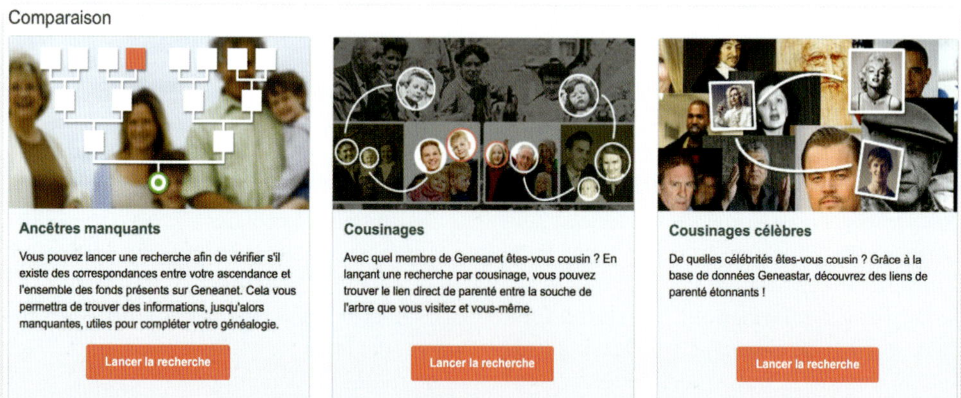

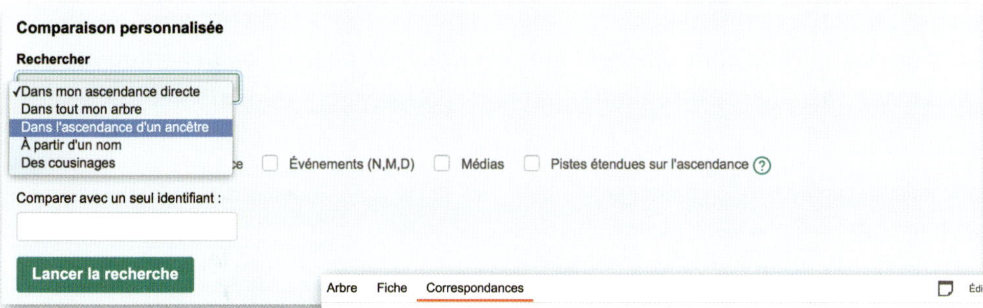

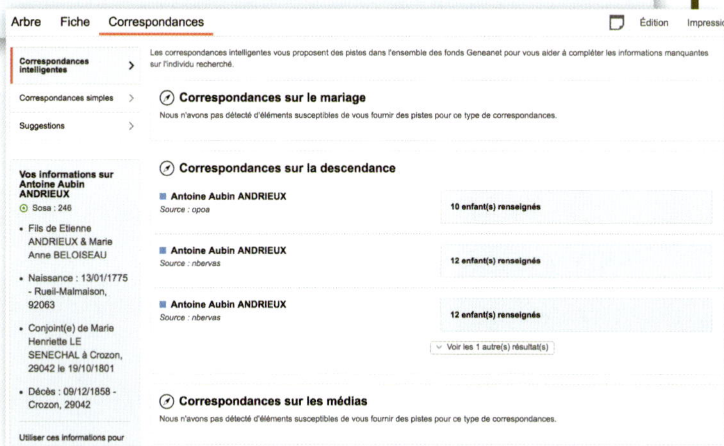

Attention à ne pas prendre les résultats au pied de la lettre : l'automate de comparaison n'est pas infaillible. Il établit parfois des liens entre deux homonymes n'ayant pas vécu à la même époque. Vérifiez les informations fournies avant de les intégrer dans votre arbre.

Rechercher les pièces manquantes

Le processus de comparaison peut aboutir à de nombreux résultats qu'il faut éplucher un par un pour compléter votre généalogie. Méfiez-vous donc d'une recherche trop large, concentrez-vous sur un périmètre délimité. D'ailleurs on travaille rarement sur toutes les branches de l'arbre en même temps, le découpage du travail est beaucoup plus simple pour limiter l'effet papillonnage.

Dans le champ **Rechercher,** choisissez donc la valeur en connaissance de cause : l'arbre complet ou l'ascendance du *de cujus* ou celle d'un ancêtre en particulier ou un patronyme précis. Donnez ensuite un ordre de priorité dans les comparaisons :

– ascendance ou descendance : pour voir si d'autres arbres contiennent des parents que vous n'avez pas encore identifiés ;
– évènements N/M/D : pour travailler uniquement sur des individus déjà présents dans votre arbre mais pour lesquels des informations d'état civil sont manquantes ;
– médias : pour partir à la recherche de nouveaux documents sur les autres arbres ;
– pistes étendues : pour cibler les relevés où la personne est mentionnée comme personne secondaire (parent, conjoint, etc.).

Identifier des cousinages

Lorsque vous sélectionnez **Cousinages** dans le même champ **Rechercher**, les options changent. Le moteur vous demande si vous souhaitez analyser tous les cousinages possibles ou en priorité l'identification de vos cousins généalogistes présents sur Geneanet. Ceux-ci pourraient être très nombreux et se compter par centaines, voire milliers. Utilisez le numéro de Sosa de l'ancêtre commun pour identifier vos cousins les plus proches ; vous pourrez retrouver des personnes que vous connaissez déja ou découvrir de nouveaux parents.

Cette fonctionnalité est particulièrement indiquée si vous effectuez une généalogie descendante ou si vous envisagez une cousinade.

CONSULTER LA BIBLIOTHÈQUE GÉNÉALOGIQUE

La Bibliothèque généalogique vous permet d'accéder à des centaines de milliers de documents spécialement indexés pour les besoins du généalogiste. Ne passez pas à côté de son potentiel pour votre propre généalogie.

Une base documentaire gigantesque

D'abord nommée *Geneabook* puis *Collections Geneanet*, la **Bibliothèque génalogique** s'est étoffée d'année en année. Son moteur de recherche spécifique est capable de reconnaître les noms de famille et les prénoms et permet d'interroger journaux, magazines et ouvrages numérisés épars sur le web. La Bibliothèque contient majoritairement des ouvrages réservés aux abonnés Premium, mais on y trouve aussi des documents gratuits. Certains ouvrages sont hébergés par Geneanet, d'autres sont accessibles en clic supplémentaire vers leur dépôt d'origine, à l'instar du célèbre site Gallica. Il s'agit là encore d'une source d'informations exceptionnelle pour qui souhaite mener ses recherches plus loin que le classique N/M/D (naissance, mariage, décès).

! L'indexation effectuée par Geneanet permet la plupart du temps d'accéder en un clic à la page contenant l'information recherchée. D'une facilité d'accès déconcertante, cette bibliothèque recèle de véritables trésors pour étoffer vos recherches généalogiques.

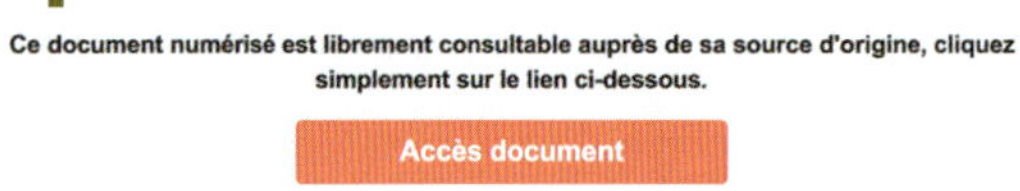

Lorsque le document n'est pas directement hébergé par Geneanet, vous obtenez ce message qui vous informe que vous sortez du site pour consulter la source d'origine.

Comment chercher dans la bibliothèque

Hormis le critère par conjoint, le moteur de recherche de la bibliothèque généalogique est utilisable par tous et permet d'indiquer un nom/prénom, une localisation, un intervalle de date mais aussi et surtout des mots-

Un pictogramme devant chaque ligne de résultat permet d'un coup d'œil de distinguer les ressources gratuites en libre accès des documents réservés à la consultation des abonnés Premium.

clés qui donnent toute leur puissance à la recherche. Vous obtenez ensuite une liste de résultats avec, pour chaque document, l'extrait pertinent et les noms de famille retrouvés en surbrillance.

Le résultat de la recherche peut correspondre à des milliers de documents. Modifiez alors vos critères pour affiner votre demande et réduire la liste des propositions.

Une bibliothèque pour tous

Cette bibliothèque est si variée dans son contenu qu'elle détient des informations sur tous les types d'ancêtres, y compris les plus modestes.

La presse ancienne constitue en effet une grande partie des contenus indexés : faits divers, actualités locales et chroniques sont autant de possibilités de retrouver des informations, des anecdotes ou des éléments biographiques sur vos ancêtres.

Cette bibliothèque étant en perpétuelle mise à jour, de nouvelles informations apparaissent régulièrement. Retournez donc de temps en temps à la recherche des personnes ou des thématiques qui vous intéressent.

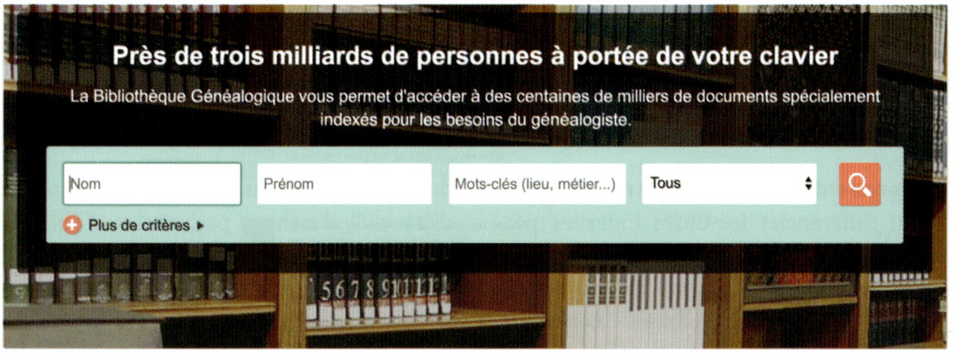

2

VII. — Jean de Duplàa de Garat, IIe du nom, né à Bayonne, le 13 mars 1783, épousa à Capbreton, le (27 juillet 1802), Jeanne Hourton, fille de Jean Courbe. Il mourut à Capbreton, le 4 février 18 après avoir eu de son alliance :

1° Jacques de Duplàa de Garat, né à Capbreto (29 mars 1805), décédé au même lieu, le 13 ao

2° Jean de Duplàa de Garat, né à Capbreton,

3° Autre Jean de Duplàa de Garat, IIIe du no

4° Marie de Duplàa de Garat, née à Capbre (2 décembre 1802), décédée dans cette commu

5° Catherine de Duplàa de Garat, née à Ca

6° Autre Marie de Duplàa de Garat, née à bre 1810 ; — décédée dans cette commune, l

7° Et autre Marie de Duplàa de Garat, né 1814 ; — elle épousa, dans cette commune, d'Aire, chirurgien.

1

UNE BELLE FAMILLE BRETONNE

Châteaulin, 16. — *La Dépêche de Brest* a souvent eu l'occasion de signaler la pénible situation de certaines familles nombreuses dans nos campagnes.

Nous nous rendions, hier, à Cast, petit bourg campé sur les hauteurs du Porzay, où nous faisions connaissance avec la famille Dorval dont les neuf membres réunissent 72 ans d'âge.

Ouvrier agricole, Yves Dorval n'a que 29 ans. Il épousa, le 7 septembre 1930, Marie-Anne Marchadour, née le 6 octobre 1912. Le jeune ménage s'installa dans le « Pen-Ty », où la famille devait naître.

Dorval, homme travailleur et sérieux, faisait baptiser son fils René le 2 mars 1931.

Une deuxième naissance, celle du petit Yves, fut consignée sur les registres de l'état civil le 10 septembre 1932. Puis ce fut Renée-Jeannine, qui vit le jour le 10 août 1934. Les jeunes parents purent alors percevoir une allocation de l'encouragement national aux familles nombreuses.

Le 16 novembre 1935, les cloches de l'église paroissiale carillonnèrent pour la quatrième fois, pour la petite Anna.

Louise vint augmenter la nichée le 21 février 1937. Mais, à peine sut-elle marcher, que deux petits frères jumeaux, Jean et Hervé naquirent le 14 mai dernier, portant ainsi à neuf les membres de la famille.

Yves Dorval, travailleur acharné, ainsi que nous l'indiquons plus haut, rentre tous les samedis chez lui. Il trouve sa maison toujours propre.

Dans l'unique pièce où cinq lits sont montés, il est réconfortant de voir comment une jeune mère de 25 ans tient son ménage.

Qu'il nous soit permis de souligner le problème quotidien que Mme Dorval doit résoudre avec un budget familial de 500 francs, somme gagnée à la campagne par le père et rapportée scrupuleusement au logis, où sept mines réjouies s'empressent autour de la table déjà trop petite.

P. BOULCH.

...ame Yves DORVAL, du bourg de Cast, âgés de 29 ans et 25 ans, qui totalisent avec leurs sept enfants (Ph. Dépêche)

3

...ouissances pour la naissance du dauphin. — **Nomination de M. Richard du Plessis, comme médecin de l'hôpital du Sanitat. — Enterrement de M. Mellier, maire. 30 décembre 1729. — Réponse de l'Adminis-**

4

Premier ouvrier de France. — Nous venons d'apprendre que M. Meyer Paul, fils de notre camarade Meyer Xavier, venait de recevoir le titre si envié de premier ouvrier de France pour ses divers travaux exposés à Paris; cette flatteuse distinction honore le père autant que le fils et nul plus que nous n'est en droit de s'en réjouir et qu'à cette occasion ils daignent recevoir nos sincères félicitations.

Un orage extrêmement violent s'est abattu sur le Mans et sa région. Le quartier de Pontlieue se trouva isolé pendant quelques heures.

En Champagne, la pluie et la grêle ont provoqué de graves dégâts dans les villages de la vallée de la Suippe. Un très gros orage a sévi sur la région de Vandœuvre, Essoyes et Mussy. A Magny-Fouchard, un cultivateur, M. Emile Lutrat, 40 ans, père de cinq enfants, a été tué par la foudre.

Des trombes d'eau ... ...ne-et-
...oire. I ... -Gen-
...oux, a ... ...rgées.

5

UN MARIAGE PEU BANAL

On va célébrer à Rochefort un mariage dont les bans viennent d'être publiés : le futur, M. Clément Buton, n'est âgé que de 18 ans, tandis que l'élue de son cœur, Mme Victoire Blanchard est âgée de 77 ans.

Les deux fiancés, qui sont l'objet d'une certaine curiosité, paraissent être enchantés de leur sort.

6

1. La Dépêche de Brest *du 17/07/1938* (La Dépêche de Brest)
2. *Armorial de Béarn, 1696-1701, Charles René d'Hozier (1889-1893) (Gallica)*
3. *L'Ancien Combattant du 30/08/1930 (Gallica)*
4. *Inventaire sommaire des archives communales antérieures à 1790, ville de Nantes (1888)*
5. Le Rappel du Morbihan *du 31/10/1927 (Archives du Morbihan)*
6. *Le Temps du 14/03/1930 (Gallica)*

PARTICIPER À L'INDEXATION COLLABORATIVE

L'indexation est un pré-requis pour qu'un document puisse être traité par un moteur de recherche. Le modèle collaboratif proposé par Geneanet permet l'ajout constant de nouvelles ressources gratuites, ouvertes à la consultation grâce à l'effort bénévole de tous.

Accessible à tous

Pas besoin d'être un expert pour participer à l'indexation collaborative : débutants comme généalogistes confirmés, dotés notamment de compétences en paléographie, peuvent apporter leur pierre à l'édifice contributif. Les registres ont été pré-évalués afin d'affecter à chacun une mission en adéquation avec son niveau et le temps disponible qu'il peut y consacrer.

Pas d'inquiétude si vous avez peur d'être dérangé : vous pouvez morceler votre tâche, l'arrêter et la reprendre quand vous le souhaitez. De la même manière, si un document vous pose problème, il est possible de passer au suivant ; il sera ensuite proposé à quelqu'un d'autre.

! Il suffit d'effectuer une recherche dans ces bases et d'y trouver une information pertinente pour être convaincu de l'intérêt du travail bénévole qui est derrière... Alors, pourquoi ne pas contribuer vous aussi aux indexations ?

Statistiques de l'indexation

908 377
Documents à indexer

2 199 370
Individus déjà saisis

5 555
Membres participants

Les fonds en cours d'indexation

Selon votre intérêt ou votre sensibilité, vous pourrez contribuer à l'indexation de différents types de documents, ayant chacun leurs particularités :

- Actes d'état civil ;
- Archives notariales ;
- BMS Saint-Eustache ;
- Collection Mayet (registres parisiens de catholicité) ;
- Extraits mortuaires (militaires);
- Fiches d'admission des enfants trouvés ;
- Fiches de passagers (bateau) ;
- Fonds Laborde (Paris) ;
- Listes électorales ;
- Registres d'écrou ;
- Registres matricules ;
- Tables de mariages parisiens ;
- Tables décennales ;
- Tombes.

Le nombre de documents à traiter varie en fonction de leur type et du nombre d'informations à y relever : en un quart d'heure un débutant pourra par exemple indexer deux actes de mariages ou cinq faire-part, mais un seul document issu de la collection Mayet.

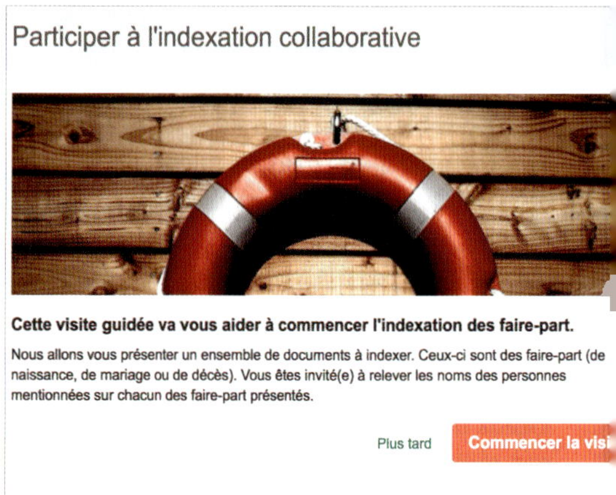

Dans chaque fonds, vous serez guidé avant de commencer l'indexation.

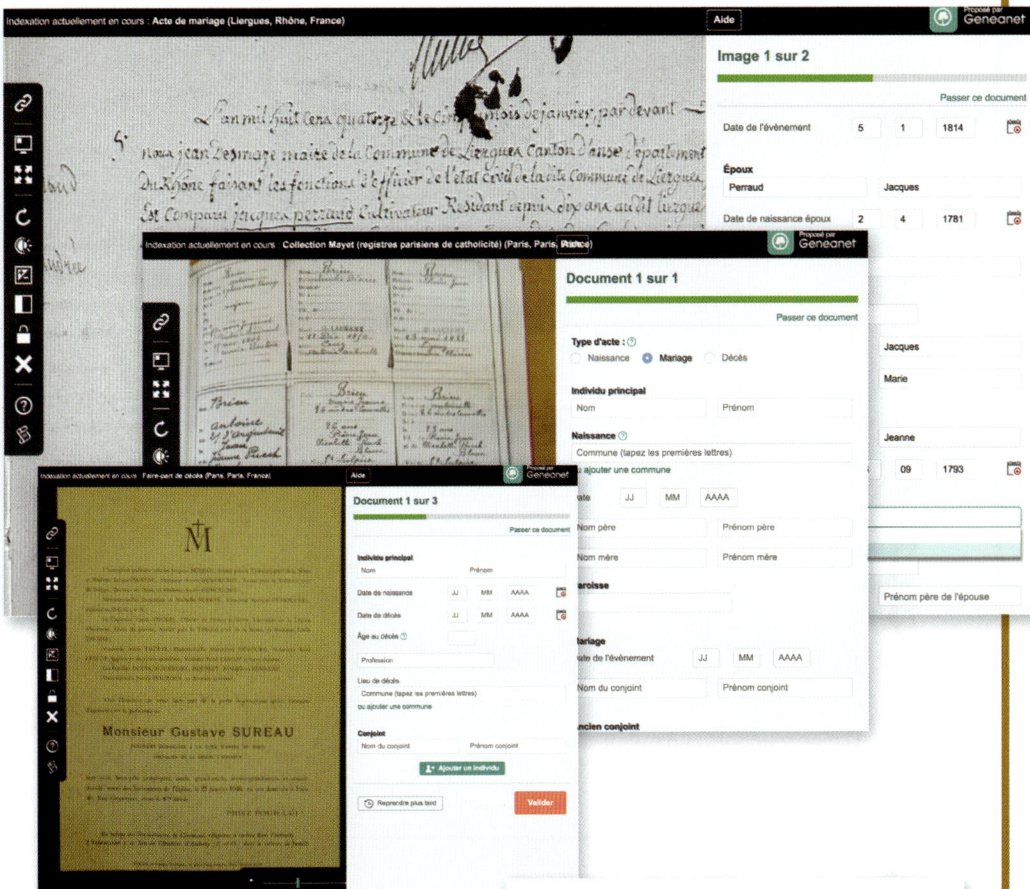

Top contributeurs		Septembre
01	jtorche	10 931 individus
02	sylvieperrin	10 895 individus
03	isoetaerts	7 803 individus
04	pataba	7 392 individus
05	pchristine7	7 286 individus
06	lucky12	6 699 individus
07	alainoi	6 603 individus

Chaque mois, Geneanet réinitialise le compteur des contributeurs en fonction du nombre de personnes ajoutées dans la base collective. À qui le tour ?

La notion d'indexation est essentielle en informatique car elle facilite le repérage et la consultation des documents disponibles. Aussi intelligent soit-il, le moteur de recherche ne sait pas (encore) lire les images des documents numérisés, il faut donc une intervention humaine pour lire le contenu et lister les informations importantes permettant de le retrouver, c'est le fameux index. Il contient au moins les noms des personnes concernées, la date et la localisation du document, mais, selon le type d'archives, les données relevées peuvent être plus ou moins nombreuses, le temps de traitement plus ou moins important, comme l'illustrent les documents ci-dessus. Sans le travail bénévole des membres qui contribuent à l'indexation, ces documents resteraient quelque part sur Geneanet sans jamais être proposés par un moteur de recherche. Dans ce modèle collaboratif, l'effort de chacun contribue à faire émerger de nouveaux documents pour faire avancer la généalogie de quelqu'un d'autre, quelque part en France ou dans le monde...

RELEVÉS COLLABORATIFS

Avec près de 80 millions d'individus identifiés par les internautes, les relevés collaboratifs sont des dépouillements partagés dans une base de données accessible à tous. Sur le même modèle contributif que les registres, ces relevés facilitent l'accès à des ressources pas ou peu numérisées.

Vous aussi, déposez vos documents !

Vous avez effectué des dépouillements exhaustifs sur une commune ? Faites-en profiter la communauté des généalogistes ! Vos travaux restent votre propriété et vous pouvez les retirer à tout moment.

› Voir la liste des relevés existants

Déposer un document

Participez au projet Tables de mariage du XIXe siècle

Une base précise et incontournable avec toutes les tables de mariage de France pour les généalogistes qui commencent leurs recherches, la première marche vers leur ascendance plus lointaine ! Choisissez le département puis la commune qui vous intéresse et lancez-vous !

Comment mettre en ligne son relevé avec : LibreOffice | Excel

En savoir plus

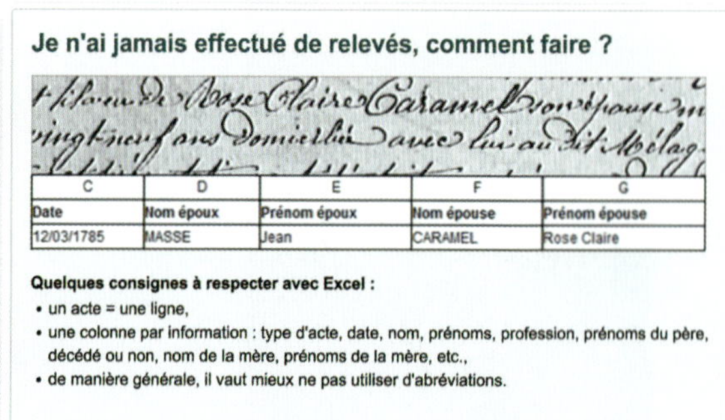

Je n'ai jamais effectué de relevés, comment faire ?

C	D	E	F	G
Date	Nom époux	Prénom époux	Nom épouse	Prénom épouse
12/03/1785	MASSE	Jean	CARAMEL	Rose Claire

Quelques consignes à respecter avec Excel :

- un acte = une ligne,
- une colonne par information : type d'acte, date, nom, prénoms, profession, prénoms du père, décédé ou non, nom de la mère, prénoms de la mère, etc.,
- de manière générale, il vaut mieux ne pas utiliser d'abréviations.

Qu'est-ce qu'un relevé ?

Il n'y a pas si longtemps, les relevés étaient un outil de recherche essentiel pour ceux qui ne pouvaient pas se déplacer aux archives départementales ou dans les mairies pour consulter les documents d'état civil. Ces listes récapitulaient pour chaque acte d'un registre les informations essentielles du document.

Les associations et cercles généalogiques possèdent encore des milliers de relevés effectués au fil des années : les travaux de dépouillement de leurs bénévoles ont soigneusement recensé les informations contenues dans les archives. Une fois intégrés dans des bases de données, ces relevés deviennent une matière que l'on peut interroger pour faciliter ses recherches et qui fait toujours le lien avec la cote du document d'origine : il est aisé de se référer si nécessaire à l'original.

Quels relevés déposer sur Geneanet ?

> **!** Vous avez effectué des dépouillements exhaustifs sur une commune ? Geneanet vous invite à les ajouter pour en faire profiter la communauté des généalogistes. Vos travaux restent votre propriété et vous pouvez les retirer à tout moment.

Si dans le cadre de vos recherches, vous avez accédé à des dépôts d'archives et dressé une liste exhaustive des informations contenues dans les registres consultés, vous pouvez aider les autres membres de Geneanet en mettant à disposition votre relevé.

Tous les relevés que vous envoyez restent votre propriété, ils sont diffusés sans aucune contrepartie sur Geneanet, de façon libre et gratuite.

Geneanet fournit des consignes à respecter lors de vos relevés avec un tableur :

– une ligne doit correspondre à un acte et un seul ;

– une colonne doit correspondre à un seul type d'information : type d'acte, date, nom, prénoms, profession, prénoms du père, décédé ou non, nom de la mère, prénoms de la mère, etc. ;

– il faut éviter toutes les abréviations : elles pourraient perturber le moteur de recherche qui ne saurait interpréter les résultats ;

– le dépouillement doit couvrir une période minimale de cinq années ;

– le fichier fourni doit être au format CSV.

Il peut s'agir de relevés isolés ou d'une campagne systématique concernant une thématique précise comme le montre la diversité des projets collaboratifs ci-contre.

Les autres projets et relevés collaboratifs

Livres d'or des Morts pour la France

Ces listes, datées de 1929, contiennent plus d'informations que les inscriptions portées sur un monument aux morts. Elles constituent donc un bon complément pour tous ceux qui font des recherches sur leurs ancêtres morts pendant la Grande Guerre.

Tables de mariage du XIXe siècle

Lister tous les mariages, partout dans le monde, entre 1792 et 1946, telle est l'ambition de ce projet qui indexe les tables décennales ou parfois les registres de mariages entiers.

Matricules napoléoniens 1802-1815

Ce projet d'indexation permet de retrouver des ancêtres soldats de la garde impériale et de l'infanterie de ligne, ou encore les officiers de certaines unités de la garde.

Nos villes & villages

Ce projet constitue une collection encyclopédique de l'histoire des villes et villages : familles notables, particularités géographiques, patrimoine, etc. La mise en commun permet le partage et la conservation de la mémoire.

Archives notariales

Si l'état civil est désormais largement diffusé sur les archives numériques des services départementaux, c'est loin d'être le cas pour les minutes et actes notariés. C'est pour combler ces lacunes et rendre disponibles des documents essentiels au généalogiste en quête de détails sur la vie de leurs ancêtres que Geneanet soutient les démarches individuelles ou associatives visant à numériser, mettre en ligne puis indexer cette source de données.

Nécropoles militaires

Intégré aux fonds documentaires de Geneanet, ce projet a vocation à recenser les sépultures des soldats morts pendant les guerres du XXe siècle.

Optants d'Alsace-Lorraine

Les dossiers manuscrits d'option des Alsaciens entre 1872 et 1873 sont numérisés aux Archives nationales à Pierrefitte-sur-Seine, puis indexés sur Geneanet.

Preuves pour l'ordre de Malte

Le projet collecte les dossiers numérisés de preuves pour l'ordre de Malte et répertorie tous les dépôts d'archives et bibliothèques en possédant. Ceux-ci contiennent des généalogies par quartier ainsi que des preuves de noblesse le cas échéant.

Fonds d'érudits

L'objectif est d'identifier les fonds d'érudits significatifs région par région, de les numériser puis de les indexer.

État civil régimentaire 1914-1918

Cette source, peu connue, permet de connaître dans certains cas les causes exactes du décès d'un soldat sur le front.

Extraits mortuaires des soldats de la Révolution et de l'Empire

Ce projet a pour objectif la numérisation et l'indexation des extraits mortuaires des soldats de la Révolution et de l'Empire décédés dans des hôpitaux en France et à l'étranger.

Au-delà de l'état civil

L'état civil est la source principale pour faire de la généalogie. Néanmoins on se trouve souvent bloqué vers 1650-1700 et il y a peu d'éléments biographiques. L'objectif de ce projet est d'inventorier, numériser et dépouiller des séries complémentaires à l'état civil.

Autres projets

– Le registre paroissial de l'Église réformée de France à Copenhague
– Projet « Listes électorales »
– Cartes du combattant
– Bibliothèque virtuelle des manuscrits médiévaux
– Cartes des forains

Tous ces projets sont décrits sur Geneawiki (voir p. 68), avec les instructions pour y participer et les contacts des coordinateurs de chaque projet.

NOS ANCÊTRES DANS LA GRANDE GUERRE

À l'occasion du centenaire de 1914-1918, Geneanet a ouvert le site « Nos ancêtres dans la Grande Guerre ». Sa vocation : rassembler en un lieu unique les ressources disponibles sur la période, indexer les soldats figurant dans les arbres des membres, et constituer ainsi une immense base de données.

Le principe

Les commémorations du centenaire donnent lieu à toutes sortes de publications dans les médias et ont remis à l'ordre du jour les recherches d'informations nominatives sur les soldats de la Première Guerre mondiale. Geneanet a choisi de consacrer à la thématique un site accessible par le lien **14-18** dans le menu en haut de page.

Rechercher un soldat

Le site dispose d'un moteur de recherche qui donne accès à la base de tous les soldats signalés dans les arbres des membres. On y trouve les poilus nominativement, mais on peut aussi identifier tous les soldats d'un même régiment, dans l'espoir d'en trouver un qui aurait laissé des écrits de guerre évoquant le quotidien, ou pour repérer tous ceux partis du même endroit afin de retrouver des noms familiers et se rendre compte de l'ampleur de la mobilisation.

! Chaque membre signale ses ancêtres poilus à partir de son arbre. Votre ancêtre pourrait donc avoir déjà été signalé : une occasion d'échanger des informations ou de rencontrer des cousins.

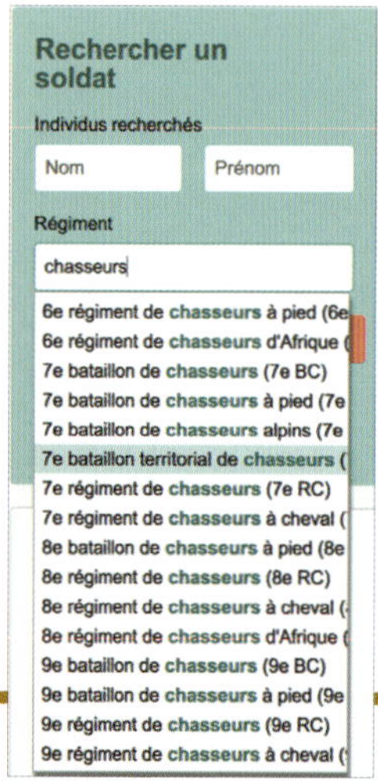

À l'instar des lieux, le site vous propose une aide à la saisie des régiments (français seulement) en affichant la liste de ceux qui contiennent les caractères de votre saisie.

S'informer sur les événements

Entre 1914 et 1918, les familles françaises ont vu maris, frères ou fils partir à la guerre. Les généalogistes sont donc très concernés par cette période si particulière, que le centenaire remet en lumière. Si certains ont la chance d'avoir des photos, correspondances militaires ou carnets de guerre, d'autres ne peuvent reconstituer le parcours d'un soldat qu'en s'intéressant à son régiment et aux archives de l'époque. Dans cet esprit, le site **Nos Ancêtres dans la Grande Guerre** propose quotidiennement un article du *Petit Journal* paru le même jour à un siècle près...

Accéder aux autres sources disponibles

Le site **Nos Ancêtres dans la Grande Guerre** donne accès à toutes les ressources disponibles sur la période :

– les ouvrages sur la guerre en vente dans la boutique ;
– les cartes postales de l'époque ;
– des listes de prisonniers de guerre issue des millions de documents de la Bibliothèque généalogique ;
– les monuments commémoratifs érigés à la mémoire des combattants ;
– et d'autres ressources issues de Geneawiki ou Geneastar.

♂ Pierre Marie DERRIEN

Imprimer son arbre

- Né le 2 mars 1893 - Trelannec - Crozon, 29042, Finistère, Bretagne, FRANCE
- Décédé le 6 septembre 1914 - Vauchamps, 51596, Marne, Champagne-Ardenne, France , à l'âge de 21 ans

14 18 A participé à la Grande Guerre, mort le 06/09/1914

Que s'est-il passé ce jour là ?

Régiment(s) : 5e régiment d'infanterie (5e RI)
Domicile lors de la mobilisation : Crozon (29)

Exemple d'un ancêtre ayant été signalé comme participant à la Grande Guerre par le détenteur de l'arbre.

Signaler un soldat

La base des soldats de la Grande Guerre s'enrichit grâce à la contribution des membres ayant déposé leur généalogie sur Geneanet : on retrouve la fonctionnalité lors de la consultation de l'arbre dans le menu **Fiche,** puis **Signaler sa participation à la guerre de 14-18**. Ce signalement peut être utilisé pour tous les soldats, qu'ils y aient laissé leur vie ou non, qu'ils aient combattu sous le drapeau français ou dans une autre armée...

Pour les soldats français, en plus du signalement, vous pouvez indiquer son lieu de résidence au moment de la mobilisation (grâce à l'aide à la saisie sur les lieux), ainsi que le(s) régiment(s) dont il a fait partie (à partir d'une liste de régiments proposée dans l'écran de recherche). Si vous ne connaissez pas ces informations lors de la saisie, vous pouvez y revenir ultérieurement.

Après signalement, le nom du soldat apparaîtra dans les résultats de recherche des autres membres et on retrouvera sur sa fiche détaillée un encart **A participé à la Grande Guerre.** Cet encart récapitule les informations saisies et propose, via les liens cliquables, de rejoindre le site et de consulter la liste de tous les soldats du même régiment ou de tous les hommes mobilisés au même endroit.

Il y a en peut-être d'autres...

Vous savez probablement si votre grand-père a été soldat en 1914-1918, mais qu'en est-il des autres personnes de votre arbre (frères, cousins, témoins) ayant vécu à la même époque ? Pour vous éviter une recherche fastidieuse, le menu **Autour de l'arbre,** puis **Participants à la Grande Guerre** vous donne une liste de suggestions correspondant aux hommes nés entre 1867 et 1901, non décédés avant 1914, susceptibles d'avoir eux aussi été mobilisés.

En face de chaque nom dans la liste proposée, deux boutons : **Confirmer** et **Ignorer.** Le premier vous permet d'accéder au signalement et le cas échéant de renseigner son domicile et son régiment ; le second retire la personne de la liste (qui ne sera plus proposée parmi les suggestions de votre arbre). Si vous ignorez si une personne a combattu, vous pourrez la rajouter ultérieurement via le menu décrit précédemment dans la consultation de l'arbre.

« SAUVONS NOS TOMBES »

Les cimetières conservent une partie de notre mémoire collective. Le projet collaboratif « Sauvons nos tombes » et son application ont pour objectif de mobiliser les membres autour de la collecte et du recensement des informations figurant sur les tombes avant qu'elles ne disparaissent.

Le principe

Depuis toujours, les généalogistes ont arpenté les cimetières à la recherche des tombes de leurs ancêtres et d'informations pouvant y figurer. Ceux qui l'ont fait ont parfois constaté qu'il était trop tard et que les anciennes tombes n'existaient malheureusement plus. D'autres aimeraient s'y déplacer, mais c'est difficile quand on habite loin...

> **!** Certaines mairies interdisent les photos dans les cimetières. Avant de vous lancer, lisez la foire aux questions sur le site et renseignez-vous auprès de votre mairie ou à l'accueil du cimetière.

Pour pallier ces difficultés, Geneanet a mis à la disposition de ses membres les moyens de répertorier et de partager les informations sur les tombes. Ce projet collaboratif, véritable mission de sauvegarde de la mémoire, s'articule depuis 2014 en deux volets : le recensement et la photographie des tombes d'une part, l'indexation des informations qui y figurent d'autre part (voir page 58).

Contribuez près de chez vous

L'idée collaborative est que, si vous le faites près de chez vous pour des tombes qui ne vous concernent pas, d'autres le feront pour vous là où cela vous intéresse... y compris à l'étranger. Inutile donc de faire des kilomètres, commencez par le cimetière le plus proche, en vérifiant au préalable ce qui a été déjà photographié (rendez-vous sur la liste ou la carte, disponibles sur la page **Sauvons nos tombes** par le menu **Contribuer**, puis **Cimetières**).

Photographes, sortez vos appareils !

Vous disposez d'un smartphone ? Utilisez l'appli **Sauvons nos tombes** décrite en page ci-contre : elle permet de prendre et d'envoyer directement les photos sur le site grâce une connexion Wifi ou 3G.

Sinon, munissez-vous de votre appareil photo, rendez-vous dans le cimetière sélectionné, puis faites autant de photos que vous souhaitez : il faut dans l'idéal prendre une photo de la tombe entière, puis des gros plans des inscriptions qui y figurent. De retour chez vous, référez-vous à la foire aux questions qui vous donnera la marche à suivre pour contacter l'équipe en charge du projet et les instructions pour envoyer vos photos.

Participez à l'indexation

Si vous n'avez pas le temps de vous déplacer, ou si les cimetières proches de chez vous ont tous déjà été visités, participer aux relevés d'indexation aide à la mise à disposition des photos dans le moteur de recherche. Cette tâche peut être effectuée pendant quelques minutes ou sur plusieurs heures, à votre guise, et ne prend que quelques instants par relevé : le temps de lire les noms et de les saisir. Un compteur affiche en permanence le nombre de relevés restant à faire, d'où l'organisation régulière par Geneanet de challenges ou de week-end spéciaux consacrés à faire avancer la cause.

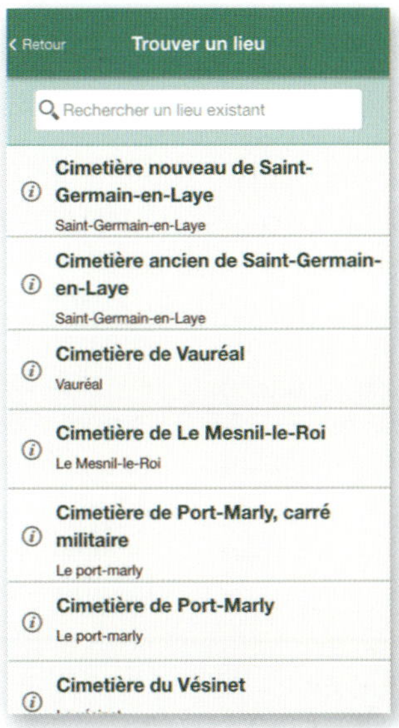

L'appli est très simple à utiliser : commencez par appuyer sur le rond rouge. Prenez une photo pour accéder à la liste des cimetières situés près de chez vous (dans l'exemple : près de Saint-Germain-en-Laye).

« Sauvons nos tombes » est la seconde application pour smartphone après l'appli Geneanet. Entièrement consacrée à la collecte des informations sur les sépultures, elle permet de photographier les tombes anciennes et d'envoyer ses clichés simplement grâce à une connexion Wifi ou 3G.

Son interface intuitive permet de photographier les tombes une par une en regroupant quand c'est nécessaire la photo principale et les photos des détails des inscriptions (voir exemple ci-dessus des clichés pris au cimetière de Montmartre).

Attention aux limites !

Si l'intention est bonne et l'utilité bien démontrée, il y a toutefois quelques règles à respecter lorsqu'on photographie les cimetières. Quoique votre mission de photographe soit menée dans le respect des sépultures et de la tranquillité des lieux, vous pourriez avoir quelques explications à donner si vous n'avez pas vérifié au préalable que vous étiez autorisé à l'entreprendre... Selon les lieux, les municipalités, la nature ou l'ancienneté des cimetières, les règles à respecter ne sont pas les mêmes. Votre démarche pourrait faire l'objet d'un véritable intérêt dans tel endroit, mais poser problème dans tel autre.

En guise d'argumentaire, si cela s'avérait nécessaire, Geneanet rappelle son engagement, en tant qu'hébergeur, à ne jamais faire un usage commercial de ces clichés et à répondre promptement et sans condition à toute requête concernant le retrait d'une photo déposée sur le site.

LES CARTES POSTALES, HIER ET AUJOURD'HUI

Le fonds des cartes postales constitué par les membres est une ressource très appréciée sur Geneanet. C'est pour aller encore plus loin sur la connaissance et l'histoire des lieux que l'application « Hier et Aujourd'hui » a été créée. Elle permet de comparer un même paysage à différentes époques.

Le principe

Les cartes postales anciennes sont précieuses. Elles permettent à chacun de se figurer comment étaient les lieux « à l'époque » : voir des chemins de terre aujourd'hui transformés en rues, des vêtements qu'on ne porte plus, des véhicules qui n'existent plus, c'est visualiser le décor de vie dans lequel ont vécu nos ancêtres. C'est aussi, comme chacun le sait, une ressource très utile en généalogie pour compléter (ou remplacer) ses photos de famille. Ces cartes postales dont la plupart datent du début du XXe siècle sont témoins des changements jusqu'à aujourd'hui.

! Pour les balades en famille, l'application s'avère être un véritable prétexte à une chasse aux trésors, à un jeu qui permet de se remettre dans la peau du photographe d'antan.

C'est dans cette logique que s'inscrit le projet collaboratif **Hier et Aujourd'hui**. En comparant les images « Avant/Après », la base des cartes postales anciennes (existant depuis longtemps sur le site) est désormais complétée par des clichés d'aujourd'hui déposés par les membres. Pour les consulter, rendez-vous dans **Projet**, puis **Cartes postales**.

Les règles à respecter pour contribuer

L'image déposée doit être de bonne qualité, correctement cadrée et en haute résolution (sa largeur devant être de 1 280 pixels de large au minimum mais son poids tout de même inférieur à 14 Mo). L'image étant publique, vous devez accepter que cette photo soit publiée sous la licence CC-BY-NC-SA 2.0 Creative Commons, c'est-à-dire réutilisable librement par tous sauf pour une utilisation commerciale.

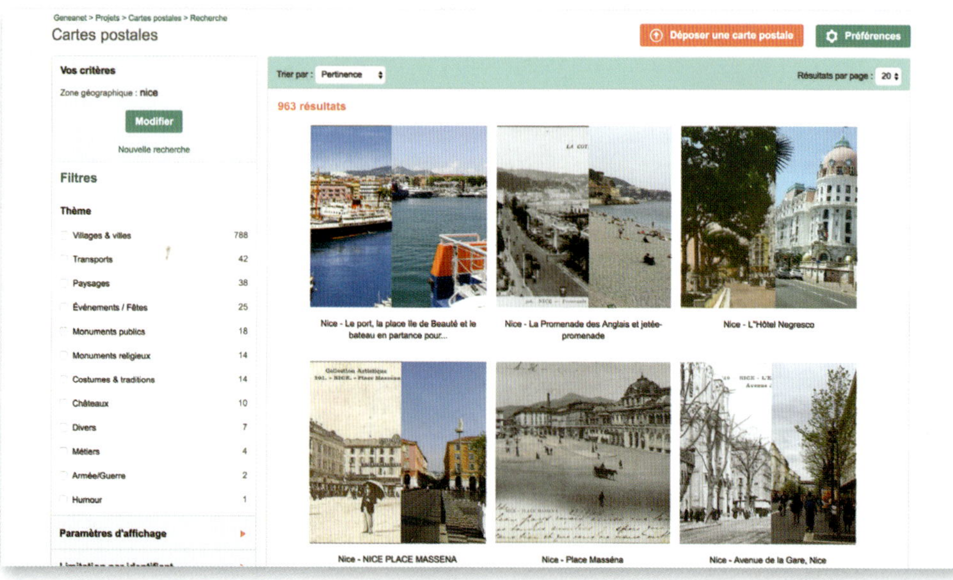

Après avoir cliqué sur une carte postale, faites glisser la barre centrale de chaque côté pour voir la différence entre hier et aujourd'hui. Vous constaterez que certains lieux ont bien changé, d'autres beaucoup moins...

Comme dans tous les projets contributifs, vos images sont partagées sur Geneanet sous la licence Creative commons en mentionnant votre identifiant de membre en tant qu'auteur.

Cette troisième appli signée Geneanet se veut d'abord ludique. L'intérêt généalogique peut sembler moindre que dans d'autres projets collaboratifs, mais cela permet de voir les villes et villages autrement, lorsqu'on s'y promène à pied.

Toutes les cartes postales déposées par les membres sont indexées et disponibles : on y accède en indiquant le nom d'un lieu dans le champ de recherche ou en utilisant le menu **À proximité** pour retrouver en un clic les images autour de soi (note : cette dernière fonction peut être inactive si vous n'avez pas autorisé l'application à utiliser les données de localisation de votre téléphone ou tablette).

L'icône « appareil photo » vous invite à ajouter vos clichés. L'idée est de reconstituer l'image ancienne à l'identique de celle de la carte postale ancienne : tâtonnez et déplacez-vous pour retrouver l'angle de vue du photographe.

Aidez-vous pour cela de la fonction de contraste qui superpose l'image ancienne à la prise de vue de votre appareil photo.

Lorsqu'un cliché est ajouté, il apparaît dans la vignette située en bas à gauche de la carte postale.

Notez que, même si une photo récente a déjà été prise sur un lieu où vous vous trouvez, rien ne vous empêche d'ajouter des clichés supplémentaires.

Cette appli a donc une double utilité : consulter la base des cartes postales et contribuer à enrichir la connaissance des lieux grâce à la comparaison entre « hier et aujourd'hui ».

Cette encyclopédie thématique, créée par et pour les généalogistes sur le modèle de Wikipedia, rassemble plus de 66 000 articles sur la généalogie : méthodes détaillées, sources et services d'archives existants, relevés ou informations historiques utiles pour situer le contexte de vos recherches.

Le principe

Sur le modèle du wiki (application web qui permet la création, la modification et l'illustration d'encyclopédies collaboratives), Geneanet a créé Geneawiki en 2005, accessible dans le bandeau supérieur du site. Il a vocation à contenir tout ce qui touche à la généalogie et à l'histoire des régions ou des familles. Chacun est invité à participer en créant un article ou en complétant ceux déjà créés. Il suffit de s'inscrire pour avoir accès à l'édition des sujets. Si la fiabilité du wiki est parfois critiquée, l'aspect collaboratif constitue, avec la gratuité d'accès, l'essence du modèle : on considère que plus un article wiki est lu, plus il a de chance d'être étoffé et corrigé par les lecteurs, augmentant ainsi son intérêt et sa fiabilité. C'est donc une base collective de connaissances en perpétuelle évolution.

! Le moteur de recherche vous permet de repérer facilement l'information souhaitée. Il est complété par la fonctionnalité **Page au hasard** pour découvrir de façon aléatoire la diversité des sujets.

Des ressources méthodologiques

L'encyclopédie est organisée en sous-sections thématiques.

Elle propose d'abord aux débutants une rubrique pour faire leurs **Premiers pas en généalogie** avec ce qu'il faut savoir pour démarrer ses recherches, des fiches pratiques sur la culture nécessaire à une lecture complète des actes (des abréviations aux unités de mesure en passant par les calendriers ou les monnaies à travers les époques).

Citons également la présence très utile de dictionnaires sur les termes anciens ou régionaux et sur des thématiques plus larges connexes à la généalogie, comme la paléographie, l'héraldique ou la toponymie dans **Autour de la généalogie**.

On y retrouve également les adresses utiles, la présentation des différents dépôts et services d'archives, les types de documents que l'on peut espérer y trouver, et une section dédiée à l'informatique en généalogie.

Enfin, parce que toute recherche engendre son lot d'épines généalogiques, une section sur les **Situations particulières** donne des éclairages utiles pour dénouer des blocages ou comprendre les spécificités de l'histoire de certains ancêtres hors du commun.

Des inventaires et des relevés

Au-delà de l'aspect didactique, l'encyclopédie Geneawiki contient nombre de listes, inventaires ou relevés. On y retrouvera l'accès à tous les projets collaboratifs cités précédemment, mais aussi des ressources nominatives (liées à des métiers ou statuts particuliers) et des inventaires pour tout savoir du patrimoine bâti ou culturel.

Régionalisme et histoire des lieux

Via le lien **Régionalisme**, partez à la découverte de l'histoire des lieux. Ce chapitre est mis en valeur par le projet **Nos villes et nos villages** qui incite chacun à compléter les informations des fiches pour les communes de France bien sûr, mais aussi pour tous les lieux dont vous connaissez l'histoire à l'étranger.

En haut de chaque article, on retrouve le détail des contributions successives via les onglets Discussion *(éventuels échanges entre contributeurs)*, Texte source *et* Historique des modifications.

Toute contribution est la bienvenue : de la simple correction orthographique à l'ajout de quelques dates sur les maires d'une commune jusqu'à l'histoire de toute une commune.

N'ayez pas peur de modifier Geneawiki ou d'ajouter du contenu. Des éditeurs expérimentés sont là pour réparer en cas d'erreur et vous aider. La consultation de l'encyclopédie est ouverte à tous sans limitation mais il faut créer un compte Geneawiki pour intervenir sur les articles. Attention : ce compte est sans lien avec votre compte Geneanet.

Lire et écrire le wiki

Le wiki est un langage à part entière. Il peut paraître barbare de prime abord, mais s'avère en réalité simple et intuitif dès que l'on s'y intéresse. Pour simplifier, il s'agit d'un éditeur de texte dans lequel on écrit un contenu auquel est associée une syntaxe pour gérer les attributs de présentation, les styles (gras, italique, sauts de ligne, taille des titres, etc.).

L'aide Geneawiki est très détaillée et disponible au-dessus du champ de recherche à tout instant. Mais, n'ayez pas peur de vous lancer en commençant, si vous le préférez, par le « bac à sable » des débutants !

Vous pouvez aussi commencer par écrire votre texte sans vous soucier de la fameuse syntaxe (quelqu'un contribuera après vous pour aérer votre présentation), le plus compliqué étant de partager ses connaissances en restant didactique, clair et concis.

Quelques règles à respecter

Les débutants sont les bienvenus car il reste encore un énorme potentiel de contribution, tous sujets confondus. Contribuez mais respectez les auteurs : intervenez sur des sujets que vous maîtrisez réellement. Ne supprimez pas de contenu (qu'il soit mal formulé, erroné ou sujet à caution), complétez-le ou corrigez-le. Si vous n'êtes pas sûr, utilisez l'onglet discussion pour expliquer vos doutes sur son exactitude.

Restez impartial : le principe du wiki implique que les articles soient factuels et rédigés de façon à exposer l'ensemble des points de vue connus sur un sujet, y compris ceux controversés, à charge pour le lecteur de se faire son opinion.

Sourcez et respectez le droit d'auteur : le contenu de l'encyclopédie est intégralement sous licence *Creative Commons*. Les informations issues des ressources du domaine public ou à contenu ouvert sont les bienvenues (à condition de les mentionner en source) ; en revanche les copies de textes, articles, livres, dessins ou matériaux soumis à droits d'auteurs sont à proscrire absolument.

En cas de besoin, le lien **Aide** disponible dans le menu à gauche vous fournira les conseils de base, mais également des tutoriels très détaillés sur les différentes tâches à mener pour mettre à jour les contenus (textes ou visuels associés) qui doivent entrer dans le fameux standard de présentation wiki.

Ce site gratuit appartenant à la galaxie Geneanet regroupe des généalogies de personnages publics issus du monde politique, des lettres, des sciences, du sport ou des affaires. L'exploration de Geneastar permet aux curieux de voir s'ils cousinent avec des personnalités.

La recherche d'une « star »

Le site dispose d'environ 10 000 généalogies de personnalités de tous horizons, françaises ou étrangères. Des hommes politiques, des artistes (stylistes, comédiens, photographes, etc.), des inventeurs, des hommes et femmes de science, des sportifs, des aventuriers, des entrepreneurs, des hommes et des femmes de lettres… plus ou moins illustres mais qui ont laissé leur empreinte dans l'histoire.

La recherche s'effectue sur le nom seul (dans la barre de menu) ou bien en utilisant le moteur détaillé sur trois critères : le nom de la célébrité, sa nationalité et son activité/son métier. Le nom recherché peut être le pseudonyme (pour les acteurs notamment).

En fonction des informations fournies par les contributeurs, la fiche de la célébrité peut comporter une biographie, une carte de ses origines géographiques, les noms de famille et les communes de sa généalogie ou une petite étude sur l'étymologie de son patronyme.

Cliquez alors sur « Voir son arbre » en haut à gauche de la fiche pour accéder à sa généalogie sur Geneanet.

! Geneastar vous permet de mettre en lumière un cousin ou un ancêtre qui a marqué l'histoire, n'hésitez pas à proposer sa généalogie au site.

La recherche de cousinage avec des stars

Votre généalogie peut croiser à tout moment celle d'une personnalité. Depuis l'accueil de Geneastar, cliquez sur le lien **Êtes-vous cousin avec une star ?** pour rechercher un éventuel cousinage (dans la mesure bien sûr où votre arbre est sur Geneanet). Ou bien encore le bouton situé dans la colonne de gauche de la fiche « Comparez sa généalogie à la vôtre ».

Via le lien « Êtes-vous cousin avec une star ? », vous accédez à la fonction de comparaison entre la base Geneastar et votre arbre. Une fois la comparaison lancée, le résultat apparaît sur Geneanet dans un nouvel onglet. Le tableau de résultat affiche chaque patronyme commun entre Geneastar et votre arbre : il ne vous reste plus qu'à cliquer pour découvrir qui se cache derrière les correspondances (voir page 48, « Comparer votre arbre »).

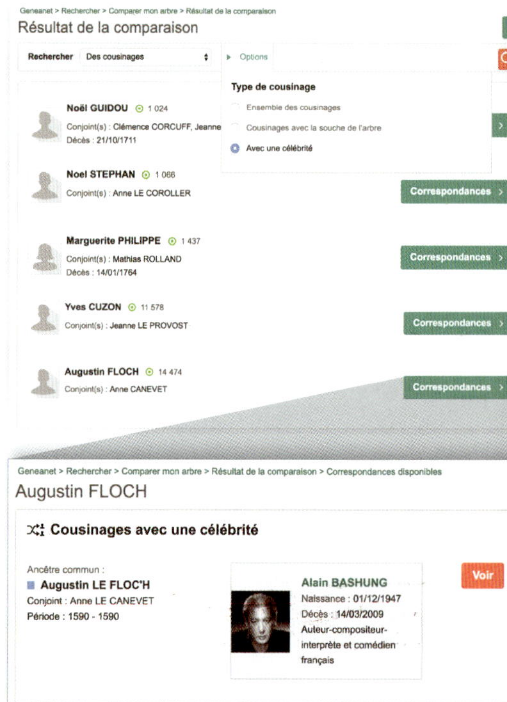

Attention : la fonctionnalité de correspondance n'est pas infaillible, surtout si le cousinage passe par un individu très lointain dans l'arbre et pour lequel peu d'informations sont disponibles. Cliquez sur chaque correspondance et vérifiez toujours les filiations avant de vous enorgueillir d'un cousinage avec un président ou une star de la chanson.

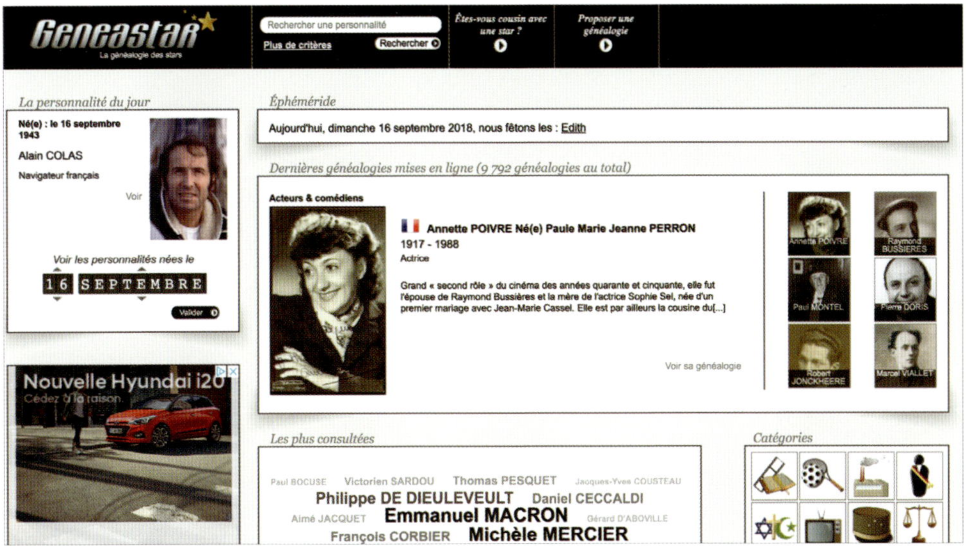

Signaler un cousinage avec une personnalité

Une fois le cousinage détecté, si vous souhaitez qu'il apparaisse à la fois sur votre profil généalogique et sur la page Geneastar de votre illustre cousin, il vous faut l'inclure à votre arbre sur Geneanet. Vous devez ajouter tous les ancêtres et les filiations qui vous relient.

Ce préalable exécuté, vous pouvez revenir sur Geneastar et utiliser le lien **Signaler votre propre cousinage**. Vous serez alors automatiquement identifié comme cousin.

Déposer une généalogie sur Geneastar

Si vous êtes en possession de la généalogie d'une personnalité absente sur Geneastar et ayant une dimension publique, vous pouvez en faire bénéficier tout le monde en déposant son arbre généalogique.

Pour être publiée, cette généalogie doit :

– comporter au moins cinq générations ;

– avoir un intérêt historique ou faire partie de la mémoire collective (attention : les ascendances royales ne sont pas acceptées)

– être accompagnée d'un portrait (photo, peinture ou gravure) de la personne en question.

Vous pouvez télécharger un Gedcom contenant cette généalogie ou pointer l'individu concerné s'il se trouve dans votre arbre. Notez que dans ce cas, il ne doit pas être masqué par les règles de confidentialité de l'arbre. Geneanet se charge ensuite d'en extraire le contenu et se réserve le droit de refuser toute généalogie qui ne lui semblerait pas adaptée à Geneastar. La liste des ajouts est régulièrement annoncée sur le blog Geneanet.

Proposer une nouvelle personnalité

Même si vous ne disposez pas des informations nécessaires à l'ajout d'un arbre sur Geneastar, vous pouvez néanmoins **Signaler une célébrité** depuis votre arbre Geneanet par le menu **Édition** puis **Contribuer**.

Fiches pratiques : les essentiels

SAISIE DES DATES

Trouver les dates des événements, puis les saisir, est le nerf de la guerre. Tout chercheur prendra soin de noter chaque indice trouvé.

Principe : par défaut, le champ date (jour/mois/année) d'un événement est précédé de la valeur **Exact**, même si d'autres valeurs sont disponibles. Cette rigueur dans la saisie des actes sert à s'y retrouver dans sa généalogie, mais aussi à confirmer la fiabilité de l'information. Elle va de pair avec la saisie des sources qui permet, en complément d'une date, de préciser son origine. Comment remplir les champs proposés par l'ordinateur ?

Cas 1 – Date connue et justifiable par un acte

C'est le cas le plus courant. Saisissez simplement le jour, le mois et l'année. Note : pour les jours et les mois de 1 à 9, on peut saisir indifféremment 1 ou 01.

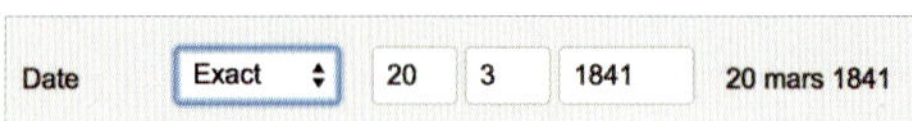

Cas 2 – Date connue mais partielle

Pour certains événements événements généalogiques l'année peut être certaine, mais pas le jour ou le mois (pour les recensements par exemple). Il est donc tout à fait admis de saisir une date exacte contenant seulement un mois ou une année.

Cas 3 – Date incertaine ou déduite

Parfois vous avez calculé ou déduit une date d'une « information », sans autre preuve. Par exemple si un acte de décès de 1850 mentionne « décédé à 80 ans », vous serez tenté d'indiquer « 1770 » dans le pavé naissance, comme dans l'exemple précédent. Pourtant, sans source avérée, cette information doit être notée comme incertaine : remplaçez EXACT par VERS ou par PEUT-ÊTRE.

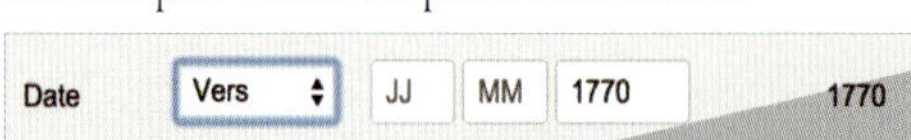

Cas 4 –Date inconnue/imprécise mais bornée

Souvent lorsqu'on dépouille les actes de mariage, on trouve mention des parents décédés sans précision de leur date de décès.

Il est utile de reporter sur la fiche l'indication d'une borne : avant, après, entre, ou. Cette borne servira à continuer ultérieurement la recherche de la véritable date.

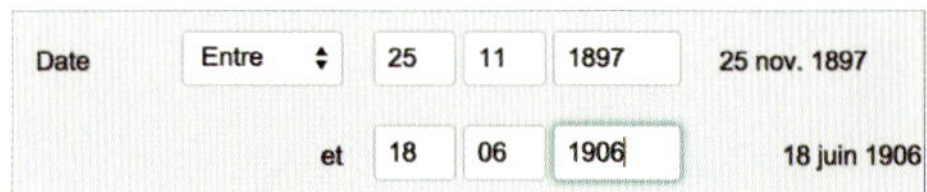

Cas 5 – Date selon un autre calendrier

Cliquez sur le bouton **Ajouter un élément**, puis choisissez **Calendrier** : il vous donnera accès aux différents calendriers existants : grégorien bien entendu, mais aussi julien, républicain ou hébreu.

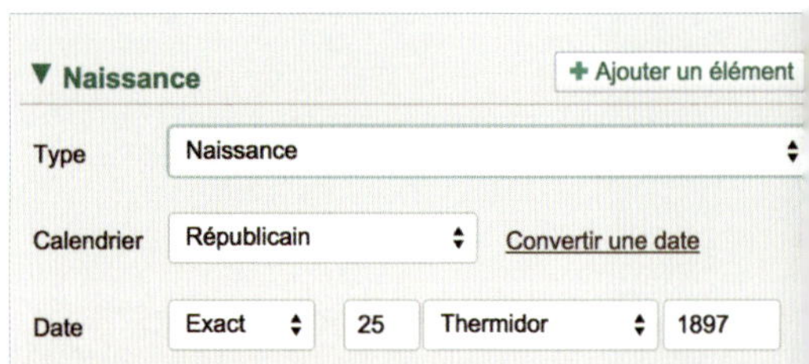

NOTE : *le lien* **Convertir une date** *vous amène vers un convertisseur qui vous propose les équivalences dans les différents calendriers.*

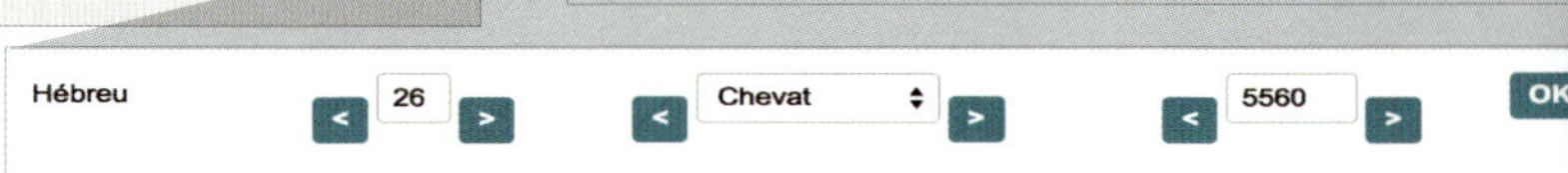

SAISIE DES LIEUX : COMMUNES ET SUBDIVISIONS

Dans la saisie des événements de l'arbre, les listes déroulantes des communes vous font gagner un temps précieux et garantissent une cohérence.

Principe : dès le début de la saisie d'un lieu, une liste de propositions apparaît. La syntaxe utilisée est celle de la plupart des logiciels de généalogie : commune, code, sous-région, région, pays. Pourquoi est-ce important d'utiliser les lieux de la liste ? Pour bénéficier des fonctionnalités de cartographie de l'arbre et de tris et sous-totaux cohérents dans les listes imprimables utilisant les communes.

Cas 1 – Gagner du temps et éviter les fautes d'orthographe

Saisissez les premières lettres du lieu et sélectionnez la commune dans la liste proposée (ici Cro... pour Crozon dans le Finistère).

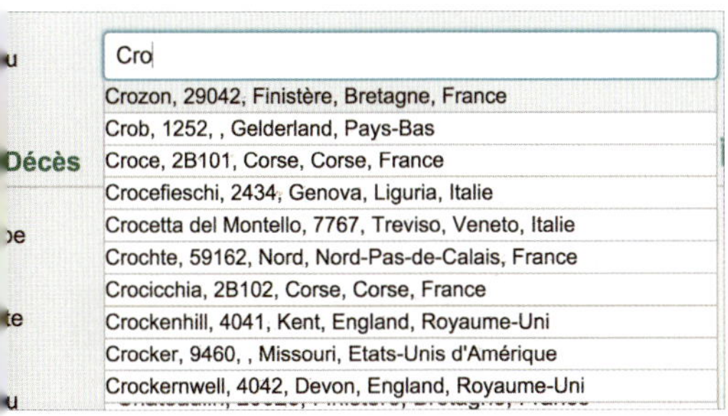

ASTUCE : certains termes dans les lieux aux noms composés pouvant être abrégés, cherchez par exemple St... quand la saisie de Saint... ne renvoie pas vers le lieu souhaité.

Cas 2 – Saisir un lieu-dit/une ancienne paroisse

Commencez votre saisie par le hameau ou le lieu n'existant plus entre crochets, suivi du nom de la commune actuelle où l'endroit est situé ; le système reconnaîtra qu'il s'agit d'une subdivision et vous proposera la liste des communes comme dans le premier cas (ici le hameau Tal-ar-groas à Crozon).

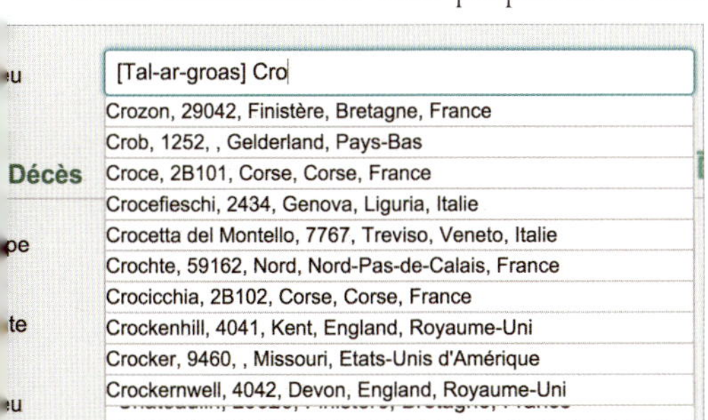

Cas 3 – Accès rapide aux communes déjà utilisées dans votre arbre

Dès la saisie de la première lettre du nom du lieu recherché, la liste des lieux connus dans votre arbre s'affiche (et uniquement eux pour cette saisie d'une lettre).

Cas 4 – Corriger les lieux non reconnus

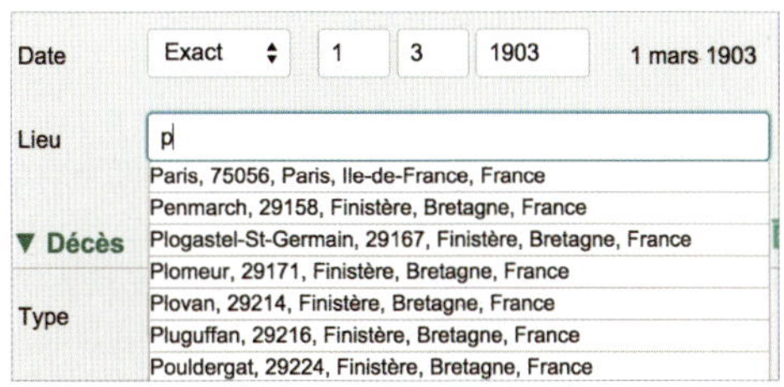

Ces listes déroulantes ne sont qu'une aide à la saisie, rien ne vous empêche de saisir des lieux non reconnus.

Pour les communes à l'étranger, sachez qu'en respectant l'ajout des virgules de la syntaxe, il est possible d'aider le système à reconnaître au moins le pays ou la région (ici Saint-Louis au Sénégal).

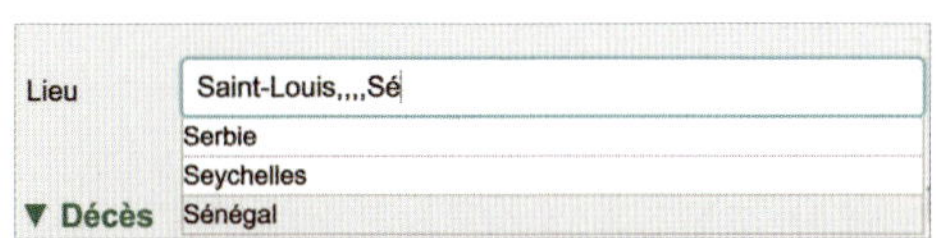

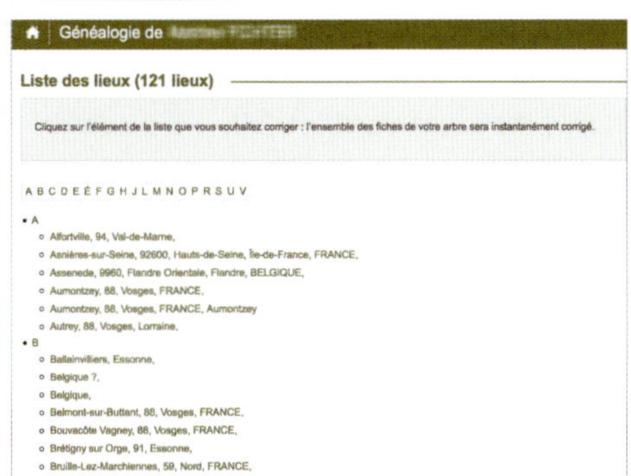

Chaque généalogie possède son dictionnaire des noms de lieux.

CORRIGER LES ERREURS DANS SON ARBRE

Malgré la rigueur et le soin que vous apportez lors de la saisie de votre arbre, des erreurs peuvent s'y glisser. Voici quelques cas qui pourront débloquer des situations fréquentes. Pour le reste, référez-vous aux forums d'aide du site.

Principe : ce qui est saisi dans votre arbre peut être modifié. Les menus de l'arbre graphique ou de la fiche, ainsi que les icônes « crayon » permettent d'accéder au formulaire de saisie où toutes les informations enregistrées sont modifiables.
Les informations saisies, comme les fiches individus, peuvent également être supprimées si nécessaire (attention dans ce cas, l'action est irréversible).

Cas 1 – Modifier les informations d'une fiche
Toutes les informations d'état civil (l'identité, le sexe, la profession), ainsi que les notes et événements créés, sont éditables par le menu **Modifier individu** ou directement en cliquant sur l'icône du petit crayon dans la **Fiche individuelle**.

REMARQUE : *la chronologie présente sur la fiche n'est pas modifiable sur celle-ci car il s'agit d'un récapitulatif synthétique des événements saisis pour l'individu. Il faut modifier les événements erronés pour que les informations présentées sur la fiche soient mises à jour.*

Cas 2 – Modifier un média lié à un individu
Pour attacher ou détacher une photo ou un média à une personne de l'arbre, utilisez les menus de l'affichage **Fiche** de l'arbre.
Pour lister les noms des visages présents sur une photo de groupe, effectuez une rotation de l'image. Pour la supprimer, rendez-vous dans **Mes documents**.

Cas 3 – Modifier un lien de parenté
En cas d'erreur sur la postérité déclarée d'un couple ou sur l'union elle-même, rendez-vous sur la fiche d'un des parents. Puis cliquez sur l'icône « crayon » dans le pavé de **Union(s) et enfant(s)** ou choisissez le menu **Modifier union(s)**. On retrouvera alors l'accès aux informations des événements d'union (dont divorces ou autres) : notons toutefois que la suppression d'un événement mariage ne retire pas la notion d'union entre les individus.
En bas du formulaire de saisie qui s'affiche, cliquez sur **Délier** pour annuler le lien dans l'arbre entre l'enfant et ses parents. Le lien **Supprimer cette famille** juste à côté supprime le lien d'union entre le couple et les filiations associées.

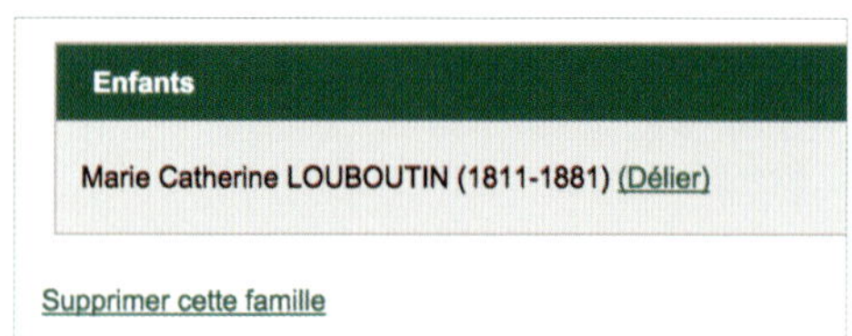

REMARQUE : *le fait de délier un enfant ou de supprimer une famille ne supprime pas les fiches individus.*

Avertissement : tout lien modifié doit être remplacé (par l'ajout d'un parent/enfant), faute de quoi l'individu ne sera plus relié à l'arbre. Cela est valable pour tous les liens entre individus (conjoints, témoins, etc.).

Cas 4 – Modifier un témoin
On peut compléter ou corriger les informations personnelles d'un témoin en accédant à sa fiche. En revanche, il faut accéder à l'événement sur lequel il a été cité initialement pour le délier en tant que témoin. Remarque : le fait de délier un témoin d'un événement ne supprime pas la fiche individu créée.

FUSIONNER DEUX INDIVIDUS

Que faire lorsque deux individus créés séparément dans l'arbre s'avèrent être finalement la même personne ? La fonctionnalité de Fusion d'individus *est faite pour résoudre les problèmes de doublons existants dans les arbres. Mais attention, son utilisation nécessite quelques précautions.*

Principe : un individu ne doit être saisi qu'une fois. À la saisie, les alertes de la validation permettent de limiter les risques de création de doublons par le contrôle des noms et prénom(s) identiques. En cas d'erreur, la fusion est utile. Attention : son action est définitive sur l'arbre (pas de retour arrière possible).

Cas 1 – **Saisie d'un nouvel individu qui est le doublon d'une personne déjà saisie.**
Lors de la création d'un nouvel individu, si l'outil détecte un risque de doublon, il propose directement de fusionner l'individu saisi avec l'individu déjà présent (ce point est évoqué page 21 dans les contrôles de cohérence).

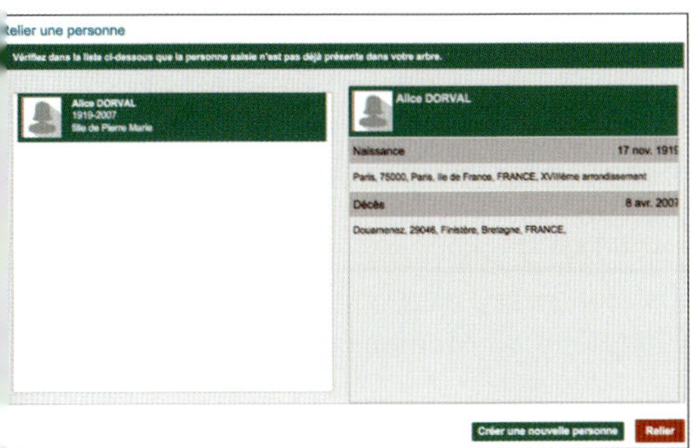

Cas 2 – Fusion de parfaits homonymes

Après avoir consulté les fiches homonymes et vérifié qu'il s'agit bien de doublons, il suffit de se positionner dans l'arbre sur l'une des deux fiches (ou case depuis l'arbre graphique) et d'utiliser la fonction **Fusionner** du menu. Le système :

– proposera automatiquement le doublon à fusionner, (1)

– vous invitera à choisir parmi les informations non identiques la valeur à conserver (2).

Une fois la fusion validée, il ne restera dans votre arbre qu'une seule fiche individu.

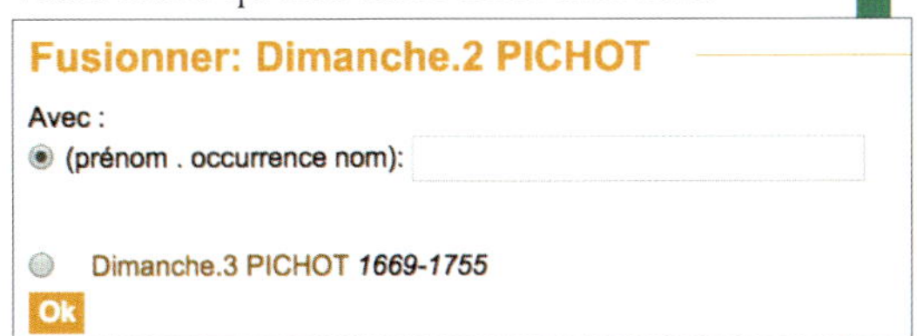

(1)

(2)

Cas 3 – **Fusion d'individus qui ne sont pas parfaitement homonymes**
Pour fusionner par exemple un Jean Fillon et un Jean Fillion, la marche à suivre est la même que précédemment, à la différence près que le système ne vous fait pas de proposition. Vous devez utiliser la recherche pour désigner l'individu en doublon. Vous devez ensuite utiliser la syntaxe indiquée face au champ (prénom. occurence nom, dans notre exemple Jean.1 Fillon).

NOTE : *l'occurrence est une information de la fiche disponible dans l'écran de saisie détaillée de l'individu. En cas de doute sur le chiffre de l'occurrence consultez la fiche individu.*

AJOUTER DES IMAGES SUR GENEANET

De nombreuses possibilités sont offertes pour agrémenter votre arbre avec des médias : photos de familles, documents ou actes. Il y a vos médias personnels et ceux partagés avec tout le monde.

Principe : les médias déposés sur le site appartiennent aux membres et sont soumis à la licence *Creative commons*. Geneanet s'engage à ne pas en faire d'usage commercial et à les mettre gratuitement à la disposition des autres utilisateurs.

Cas 1 – Ajouter des photos de vos ancêtres

C'est le cas le plus courant : pour agrémenter la fiche d'un parent dans l'arbre généalogique, vous voulez ajouter une photo portrait. La manipulation s'effectue via les menus de l'arbre graphique ou de la fiche : **Édition, Média, Ajouter un portrait**. Une fenêtre s'ouvre, vous invitant à sélectionner une image depuis votre ordinateur.

NOTE : *cette manipulation peut être réalisée aussi via votre smartphone ou votre tablette grâce à l'appli Geneanet.*

Cas 2 – Ajouter des documents sur votre arbre

Cette manipulation s'effectue comme la précédente en choisissant cette fois **Ajouter un photo/un document.**

Comme dans le cas précédent, votre quota est décrémenté du poids de ce que vous ajoutez. S'ils ne sont pas indiqués comme privés dans vos paramètres de confidentialité, ils peuvent être consultés par d'autres membres, voire reliés à leur arbre.

Cas 3 – Partager des actes isolés avec tous les utilisateurs

Si vous souhaitez que les documents ajoutés soient rendus disponibles dans le moteur de recherche pour tous les utilisateurs, préférez le menu de l'arbre **Contribuer, Envoyer un acte.** Vous devrez renseigner un formulaire permettant d'en identifier son origine. Attention : vérifiez avant publication les conditions de réutilisation établies par le service d'archives dont il est issu.

Cas 4 – Partager des registres complets

Si vous avez photographié des registres ou des séries de documents complets, dont les conditions de réutilisation vous permettent le partage, ajoutez-les aux bases contributives en choisissant le menu **Projets, Registres.**

Cas 5 – Ajouter des cartes postales anciennes

L'import des cartes postales s'effectue actuellement dans le menu **Projets, Cartes postales** : seules sont acceptées les images anciennes (antérieures à 1960) et dont vous possédez l'original. L'image que vous envoyez devra être dûment recadrée, en haute résolution, minimum 1 280 pixels de large (ou de haut) et d'un poids inférieur à 14 Mo.

Cas 6 – Ajouter des tombes ou monuments

Si lors de vos pérégrinations généalogiques, vous avez photographié des tombes dans les cimetières ou des monuments commémoratifs, ajoutez vos images via les menu **Projets, Cimetières** ou **Monuments aux morts.**

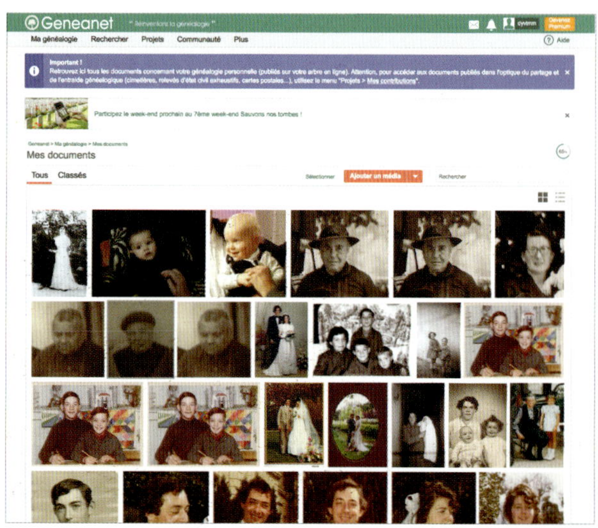

ASTUCES CACHÉES DES IMAGES

En ajoutant des documents sur les fiches de votre arbre, vous les rendez disponibles à la consultation pour vos visiteurs, mais en maîtrisant les fonctionnalités cachées de vos images vous pouvez vous faciliter la vie ou y associer d'autres informations.

Principe : les médias associés à votre arbre sont regroupés dans l'écran **Mes documents** dont les différentes fonctionnalités sont souvent sous-exploitées et pourtant intéressantes. Cliquez sur une image pour afficher toutes ses informations.

Cas 1 – Transcription

Pour conserver la transcription textuelle du contenu du document, notamment lorsque l'écriture manuscrite rend difficile la lecture, l'onglet **Transcription** permet de stocker le texte associé à votre document.

Cas 2 – Identification des visages

Vous pouvez utiliser le bouton **Ajouter** dans l'onglet **Identification** ou utiliser l'icône située en haut à droite de la photo pour identifier les visages des personnes présentes sur la photo. Comme évoqué page 26, cela vous évite de recadrer la photo : vous la déposez une seule fois dans vos documents en la rattachant à autant de fiches que nécessaire.

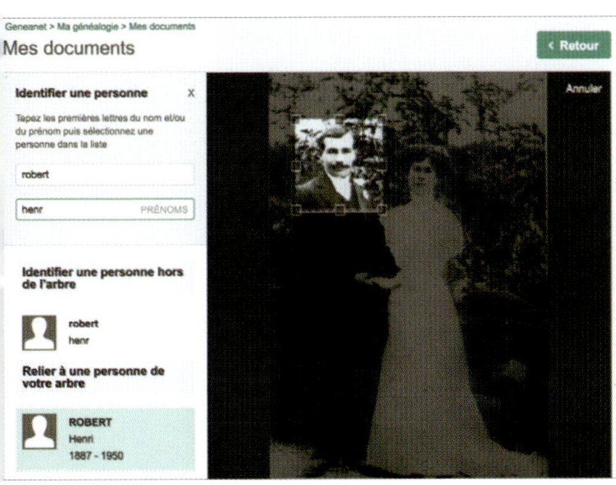

Cas 3 – Classement par catégorie

Rendez-vous dans l'onglet **Informations** et modifiez le type du document. Il sera automatiquement trié dans l'écran **Mes documents** pour faciliter votre consultation et la gestion de vos images.

Cas 4 – Gestion de l'affichage dans l'arbre

Rappelons-le, toutes les informations de l'arbre s'affichent publiquement par défaut. Si vous ne souhaitez pas que vos images soient vues par des tiers, cochez la case **Photo Privée** dans l'onglet **Information**.

Note : si l'image est associée à une fiche dont l'affichage est masqué en raison des règles de confidentialité de l'arbre, elle sera elle aussi masquée dans l'arbre.

Cas 5 – Vérification de votre quota d'images

Dans l'affichage de l'écran **Mes documents**, figure une jauge présentant le pourcentage d'utilisation de votre quota, qui rappelons est de 250 Mo pour les comptes gratuits et de 2 Go pour les abonnés Premium.

AUTRES TITRES GÉNÉALOGIQUES DU MÊME ÉDITEUR

Les essentiels de la généalogie : les bases

- Raconter son histoire familiale (10 €)
- Conserver et classer les papiers de famille (10 €)
- Reconnaître photos et cartes postales anciennes (12 €)
- État civil et registres paroissiaux (10 €)
- Les difficultés posées par les noms en généalogie (9 €)
- Archives de notaires et généalogie (12 €)
- Actes, contrats et dispenses de mariage (12 €)
- Décès, disparitions et successions en généalogie (10 €)
- Archives départementales : mode d'emploi (12 €)
- Comment présenter sa généalogie ? (12 €)
- 1001 manières de faire de la généalogie avec les enfants (15 €)
- Retracer l'histoire de sa commune (10 €)
- Les changements de noms de lieux et de prénoms en 1792-1793 (10 €)

Les guides pour approfondir les recherches

- L'ADN : un outil généalogique (10 €)
- Atlas des diocèses en France (15 €)
- Utiliser le cadastre en généalogie (10 €)
- Cadastre et généalogie : Paris et grandes villes (10 €)
- Retrouver l'histoire d'une maison (12 €)
- Utiliser les recensements en généalogie (10 €)
- Utiliser la presse ancienne en généalogie (10 €)
- Orphelins et pupilles de la nation (10 €)
- Enfants abandonnés, enfants sans père : comment retrouver la filiation ? (10 €)
- Utiliser les élections et les listes électorales en généalogie (10 €)
- Explorer les archives du commerce (10 €)
- Découvrir ses ancêtres sous la Révolution : guillotinés, émigrés, profiteurs ? (10 €) .
- Les archives des dommages de guerre (10 €)
- Reconnaître les décorations de 1790 à nos jours (15 €)
- Archives judiciaires : mode d'emploi (12 €)

Les guides par métiers

- Ancêtres paysans à travers les archives (12 €)
- Retracer des généalogies de meuniers et l'histoire d'un moulin (10 €)
- Retrouver un ancêtre postier (10 €)
- Explorer les archives du commerce (10 €)
- Retracer la carrière d'un instituteur ou d'un professeur (12 €)
- Retracer le parcours d'un religieux (10 €)
- Retrouver un ancêtre marin (12 €)
- Retrouver un ancêtre franc-maçon (12 €)
- Retrouver forains, bateliers et autres ancêtres migrants (10 €)
- Ancêtres oubliés : domestiques, nounous et gens de maison (10 €)
- Retrouver un professionnel du monde de la santé (12 €)

Les guides de recherche par Internet

- Faire son arbre généalogique par Internet (10 €)
- Trouver ses ancêtres sur Internet : Filae.com (10 €)
- FranceGenWeb.org mode d'emploi (10 €)
- Les mormons et la généalogie, comment utiliser Familysearch ? (10 €)

Les guides sur les ancêtres militaires

- Archives militaires mode d'emploi (12 €)
- Retrouvez l'histoire de votre grand-père en 1418 (8 €)
- Retrouver un ancêtre blessé en 1914-1918 (12 €)
- Reconnaître les uniformes 1860-1914 / 1914-1918 / 1918-1939 (12 € chaque tome) *É. Labayle.*
- Retrouver un ancêtre soldat de la Révolution ou de l'Empire (12 €)
- Retrouver un combattant de la guerre de 1870 (10 €)
- Écrire la biographie d'un soldat de 1914-1918 (12 €)

Les guides de recherche par pays ou par région

- Retrouver ses ancêtres bretons (12 €)
- Retrouver ses ancêtres corses (20 €)
- Retrouver ses ancêtres italiens (12 €)
- Retrouver ses ancêtres espagnols (12 €)
- Retrouver ses ancêtres hongrois (12 €)
- Retrouver ses ancêtres en Grande-Bretagne (10 €)
- Retrouver ses ancêtres aux Pays-Bas (15 €)
- Retrouver ses ancêtres à Malte (19 €)
- Retrouver ses ancêtres polonais (19 €)
- Retrouver des cousins canadiens (12 €)
- Retrouver ses ancêtres suisses (19 €)
- Retrouver sa famille dans les territoires de l'océan Indien (10 €)

En librairie, sur Internet ou par correspondance.

Détails et commandes sur www.archivesetculture.fr ou par courrier à : Archives & Culture, 26 bis rue Paul-Barruel, 75015 Paris.

CRÉDIT PHOTOGRAPHIQUE

• Fotolia : page 22
• Geneanet : toutes les captures d'écran + les photos d'ambiance pages 1, 5, 41, 67
• Martine Fichter : page 29 (les 3 documents familiaux en bas)

ISBN : 978-2-35077-340-7 - ISSN : 2116-2050

Tél. : 01 48 28 59 29 - www.archivesetculture.org
Conception couverture et intérieur : Martine Fichter